U0856700

Jane Austen
Writer in the World

trouble of —

"So late, my dear,"

vance. — cried the Husband with sturdy

ny of; —

we are always at home before

they would laugh at Osborne Castle

call that late; they are but just

dinner at midnight." — "That is ~~[illegible]~~ calmly

the purpose." — retorted the Lady

we to be no rule for us. two

not every night, & break up ~~[illegible]~~

me; ~~than~~ so far, the subject was very

ied; — but Mr & Mrs Edwards were so wise

were to pass that point, & Mr Edwards

something else. — He had lived ~~long~~

~~th~~ long enough in the Idleness of a Town to

a little of a Gossip, & ~~had~~ been some

ty to know more of the ~~[illegible]~~

instances of ~~[illegible]~~ his young Guest began

, than had yet reached him, he ~~[illegible]~~

~~to [illegible]~~, "I think Miss Emma, I remem:

your Aunt very well about 30 years ago; I am

ty sure I danced with her ~~[illegible]~~ in the old

at Bath, the year before I married —

was a very fine woman then — but like

I suppose she is grown somewhat

I hope she is likely

JANE AUSTEN
-
WRITER
IN THE WORLD
-
KATHRYN
SUTHERLAND

简·奥斯汀

在爱中成就自我的一代文豪

[英]凯瑟琳·萨瑟兰——著
许光亚——译
张奕——校

江苏凤凰文艺出版社
JIANGSU PHOENIX LITERATURE AND
ART PUBLISHING, LTD

目 录

引言

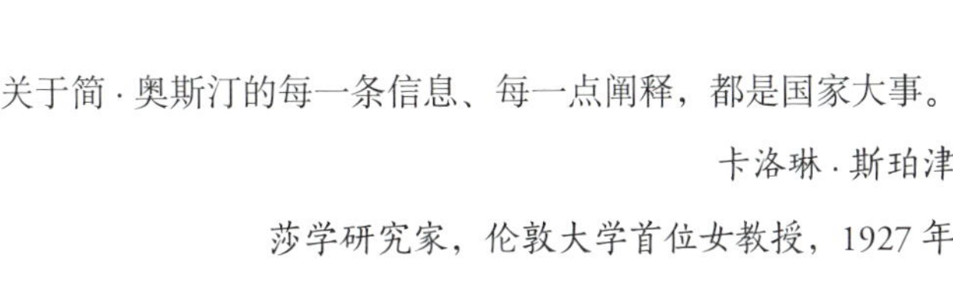

关于简·奥斯汀的每一条信息、每一点阐释，都是国家大事。

卡洛琳·斯珀津

莎学研究家，伦敦大学首位女教授，1927 年

我听到别人对你不同的看法，叫我不知道相信谁才好。

伊丽莎白·贝内特与菲兹威廉·达西的对话

《傲慢与偏见》，第 18 章

1916 年 1 月 6 日，苗圃专家、探险家雷金纳德·法雷尔在给《泰晤士报文学增刊》的信中建议，在 1917 年，即简·奥斯汀逝世一百周年之际，出版一套简·奥斯汀小说集的纪念版，以此来对她“留给英国的丰厚遗产”略表感激。他还建议，用这套纪念版的收入设立一笔以奥斯汀命名的基金，用于资助退休的家庭女教师，即《爱玛》中描写的泰勒斯小姐和简·费尔法克斯，以及新世纪（二十世纪）的家庭女教师们。法雷尔将信件的寄出地写为“约克郡因格尔博罗山”和“西藏岩狼谷”，将地图上这万里之遥的这两个点连接在了一起。罗伯特·W. 查普曼是英国皇家卫戍炮兵的一名军官，1917 年在马其顿服役。

工作之余，他也在为出版牛津版《曼斯菲尔德庄园》和《爱玛》做准备。查普曼的妻子凯瑟琳·梅特卡夫在 1912 年出版过《傲慢与偏见》。在第一次世界大战爆发之前，两人决定共同出版

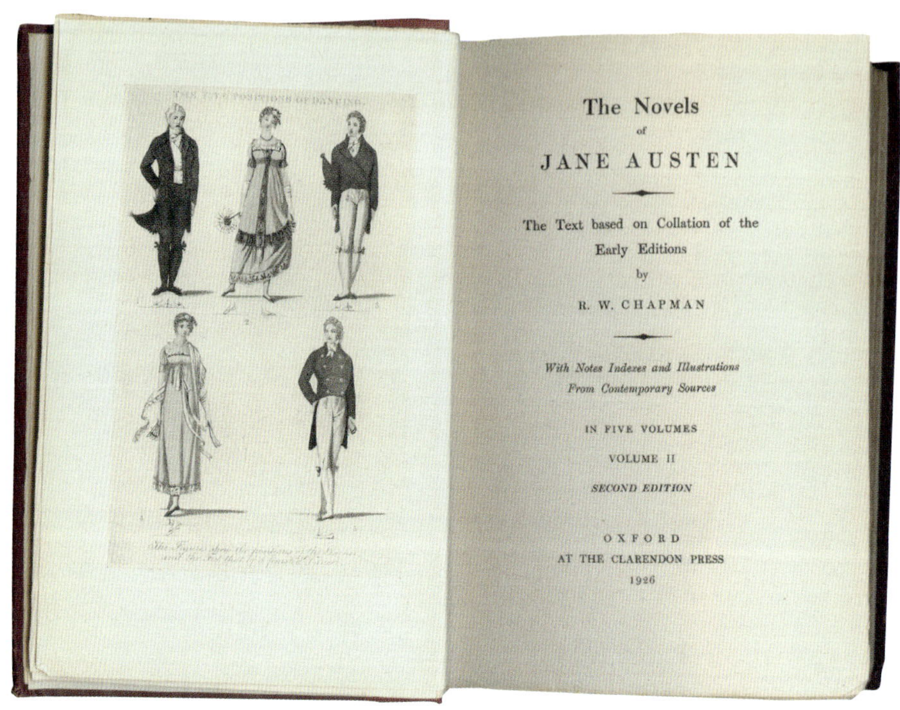

上图

-

卷首插画：复刻时期（“舞姿五种”）及R.W.查普曼版《简·奥斯汀小说集扉页，第二版（克拉伦登出版社，牛津大学，1926年）。

-

牛津大学，博德利图书馆，256E.15000– 15003.

《曼斯菲尔德庄园》和《爱玛》。查普曼对小说进行了重新编辑，最终于1923年出版了克拉伦登版五卷本的《简·奥斯汀小说集》。虽然出版时间错过了简·奥斯汀逝世一百周年，却是现代文学批评与英国小说的首次结合。直到二十世纪末之前，这一版本一直是奥斯汀小说的标准文本；《小说集》仿照摄政王时期的出版标准，插图“参考同时代作品”，再现了原版的观感，读者犹如手捧十九世纪初期的版本。

查普曼的版本包装精美、注释考究（大量引用莎士比亚、弥尔顿、塞缪尔·约翰逊的作品，极少引用与奥斯汀同时代的女作家），使奥斯汀跻身于一众男性文豪之列。

这些特点，以及《小说集》对政治、历史的缄默，影响了后世通过书籍、银幕和广播接触到简·奥斯汀的无数读者。自二十

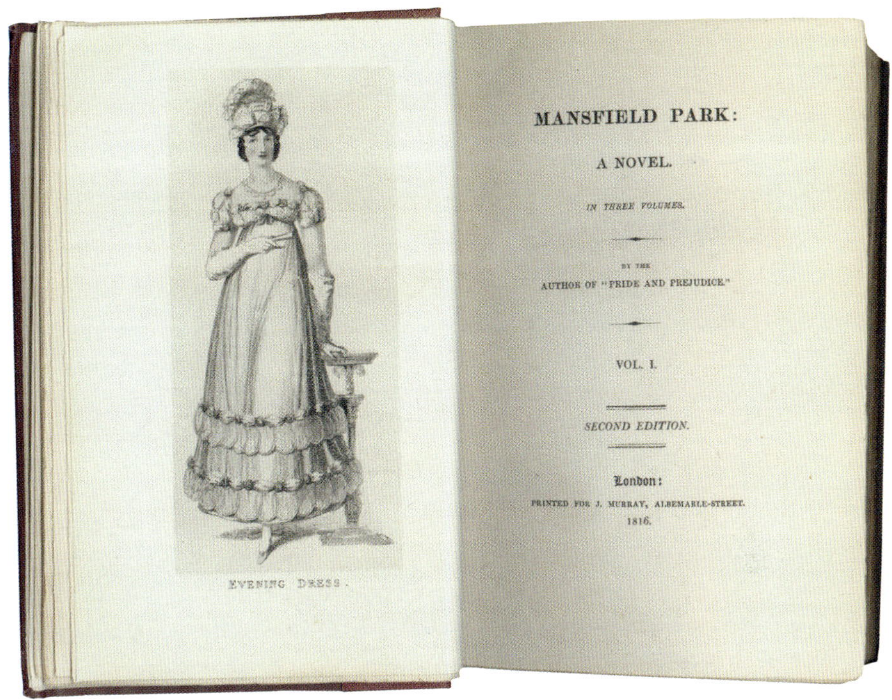

MANSFIELD PARK:

A NOVEL.

IN THREE VOLUMES.

BY THE
AUTHOR OF "PRIDE AND PREJUDICE."

VOL. I.

SECOND EDITION.

London:
PRINTED FOR J. MURRAY, ALBEMARLE-STREET.
1816.

上图

-

同版《曼斯菲尔德庄园》影印版标题页，对照页是所属时期插图，再次显示了查普曼模仿摄政王时期制作风格的用心。

-

牛津大学，博德利图书馆，256 E.15000-15003.

世纪四十年代以来，以《傲慢与偏见》和《爱玛》为首的众多简·奥斯汀作品被搬上荧幕，形式多为电视剧或连续剧，通常在周日下午茶时间档播出，观众以学生为主。受广播剧的启发，这些荧幕剧也遵循忠实原著、对白为主的原则，而且借用了很多舞台技巧：室内人工布景、极少室外活动、固定摄像角度、角色头部近景，以及戏剧感明显的对白和复古的美学风格。

1975 年 12 月 9 日-1976 年 2 月 29 日，奥斯汀诞辰二百周年纪念展在大英博物馆国王图书馆举行，对之前人们对奥斯汀生活和作品的理想化解读进行了总结展示。展出以时间为轴，依次展现了奥斯汀的传记、少年作品、六部先后出版的主要小说、最后一部小说《桑迪顿》的亲笔手稿、“肖像”的最后几段（三段奥斯汀本人的，一段她的外甥女安娜·勒弗罗伊的），以

上页图
-
pp 10–11 巴斯全景 c.1750.
大英图书馆委员会，Maps. K.Top.37.25.h.

及“插图”（莱姆里杰斯、朴次茅斯港和巴斯的旧日图像）。展出以崇高的敬意纪念了奥斯汀这位在文学史上享有特殊地位的作家。

然而就在同一年，玛里琳·巴特勒的《简·奥斯汀及思想的战争》（*Jane Austen and the War of Ideas*）却彻底颠覆了人们对奥斯汀的既有认知。巴特勒质疑奥斯汀的文学地位是否足以位列“被现代文学批评界一致推崇的众多已故作家”之中，通过奥斯汀与同时代的形形色色男女人物的对话来展示奥斯汀其人，并坚持将奥斯汀置于她生活与创作的那个充满争议的历史时代。巴特勒犹如强行闯入了奥斯汀那幽闭的客厅，旁观她的众多女主角静坐于世事流转之中，娓娓闲谈。

从那时起，奥斯汀小说及其解读就带有了政治色彩，而政治也包含了女权主义、性别化阅读以及对奥斯汀时代和我们自身所处时代的物质条件的关注。1987 年，《简·奥斯汀及思想的战争》平装本重版发行。

巴特勒在新版序言中说到，“如果能把奥斯汀和她的艺术形式放在一个更能够被审视的层面上，像凡世万物一样接受人们的诘难，那么显然对批评界是大有裨益的，既能增进理解深度，又能促进问题的发掘”。“凡世万物”可谓巴特勒论文集的口号。

她赶在牛津大学韦斯顿图书馆和温彻斯特探索中心举办二百年纪念展之前编纂了这部论文集。出于怀旧或对共同价值观的追求，人们在解读奥斯汀作品时，都将她在艺术和处世方面的超然态度视为理所当然。但她作为一位入世的作家，在当时和现代都具有现实意义。

从这个角度出发，早已不能将读者的自身生活和阅读乐趣区别开来。1995 年，巴特勒的著作出版 20 年后，有三部奥斯汀小说被搬上银屏（BBC 短剧《傲慢与偏见》、哥伦比亚影业影片《理智与情感》和 BBC 电视片《劝导》）。

通过精美的视觉呈现，这些剧集和影片强化了人们对于奥斯汀作为“凡世”作家的认知：她是一位“庄园文学”[1]小说家，擅长刻画有关性、金钱和英俊男主的纸醉金迷的故事。这再次转变了人们对奥斯汀的基本理解。

本书的故事从两次展览中引出，并再次从凡世万物的角度理解简·奥斯汀的生活和作品。有几篇论文涉及奥斯汀的私人物品：少女时期使用的笔记本、乐谱、一件衣服、精选的信件、创作小说时用的手工小册子，还有生前和死后的肖像。通过研究更多物品——摄政王时期小说、信件中其他人的言论、报纸文章、航海日志、当时的政治卡通画，以及温彻斯特大教堂的一块花窗玻璃，其他文章探讨了奥斯汀与社会和政治大背景的关系。这些“凡世”勾勒出奥斯汀的私密写作空间，犹如线索一般，将她与拿破仑战争时期的世界舞台联系起来（从印度到巴斯，从北美到查顿）——战争是她一生的背景。最后，这些物品也记录了她死后 200 年的声誉。

每篇论文都利用各种物品来启发读者重新审视对奥斯汀的理解和热爱。我们所熟知的一切，因为各种物品的新组合和相关背景的新发现而受到质疑：奥斯汀早期曾与人合著作品，终生投身于家庭写作；始终热爱作曲；热衷时尚和购物；小说受到战争的影响；身为作家的习惯与素材；专业水准；在业余艺术家作品中不断改变的形象；遗物在不同人之间的转手，等等。在这些论文和插图中，借助其他物品和艺术品，对简·奥斯汀描写社会缩影的著名技艺进行了重新设置和想象。简·奥斯汀的阔领大衣、肖像、信件，还有增删修改多次的小说手稿——这些物品都有强烈的视觉和情感吸引力，并能启发新的见解。我们希望，通过重新审视这些曾经陌生或彼此孤立的物品，能够激发新的思路，超越过去习以为常甚至想当然的认知。

1 语出玛乔丽·嘉伯《引号》一书中所谓“简·奥斯汀综合征”，罗德里奇出版社，2003, pp. 199-200。

简·奥斯汀长什么样？她少女时代的文风狂放不羁，充斥着吃白食的自恋者、酒鬼甚至杀人犯的形象。之后的现实主义浪漫小说描写的却是英国乡村生活。此中矛盾，如何调和？在何种意义上，她算是一位战争时期的小说家？而这一切的中心，简·奥斯汀本人，却完全不可捉摸。

本书论文中研究并配插图的物品来自私人藏品或公共馆藏，物品所有人的慷慨支持至关重要。牛津大学博德利图书馆拥有异常丰富的奥斯汀遗物，是全球收藏奥斯汀物品最多的图书馆之一；伦敦大英图书馆也有丰富的馆藏。其他为本书提供图片和为温彻斯特及牛津的展出提供展品的机构包括：国家肖像馆、维多利亚和阿尔伯特博物馆、汉普郡文化信托基金会、剑桥大学国王学院、汉普郡乔顿庄园图书馆、汉普郡简·奥斯汀故居图书馆、约翰·默里公司档案馆、爱丁堡苏格兰国家图书馆、伦敦格林尼治国家航海博物馆、（马萨诸塞州剑桥市）哈佛大学霍夫顿图书馆。此外还有许多个人收藏家也提供了慷慨的帮助。作者在此深表谢意。

凯瑟琳·萨瑟兰

牛津大学圣安妮学院，2016年7月

简目录和参考文献注释

书中引用的简·奥斯汀小说章节编号，参考版本为连续页码的现代版本，因此《傲慢与偏见》的格式为“第45章”，而非“第3卷第3章”。

所有引自简·奥斯汀信件的引语和引文，参考版本皆为迪尔德丽·勒·费伊编著的《简·奥斯汀书信集》，第4版，牛津大学出版社，牛津，2011；所有书信都按照勒·费伊给定的编号和日期进行区分。

J.E. 奥斯汀 - 利，《简·奥斯汀回忆录及家族往事》，凯瑟琳·萨瑟兰编著，牛津大学出版社，牛津，2002（下文简称为奥斯汀 - 利，《回忆录》，萨瑟兰编著）。

eorgian Life

闯入简·奥斯汀生活的乔治王时代

Edgar and Emma

a tale.

Chapter the first.

"I cannot imagine," said Sir God
Lady, "why we continue in such dep
"Lodgings as these, in a paltry Mark
"while we have 3 good Houses of ou
"situated in some of the finest par
"gland, & perfectly ready to receive u

"I'm sure Sir Godfrey," replie
"it has been much against my inc

1 “荒诞不羁”的少年时期作品

托马斯 · 凯默

简 · 奥斯汀的少年作品为人所知，是由于三本似乎属于长篇巨著的手稿（《卷一》《卷二》《卷三》）。奥斯汀在其中誊写了共27条文字。这些手稿最初写就于1786（或1787）至1793年间，也就是她11（或12）岁到17岁的几年。然而这些手稿并不仅仅是个人或私人写作。这些手稿几十年内都未被奥斯汀家族圈外的人们所知，但却激励着家族内部的成员们。手稿小册子是作为礼物，单独题献并赠送给其他家族成员的，因而每条文字似乎都开始了独立的生命（“题献”一词采取的是十八世纪的引申意义：受献者包括简 · 奥斯汀的堂表兄弟、侄女、朋友、兄弟、父母和姐姐卡桑德拉）。如果不考虑简 · 奥斯汀后来做的修改和她的后辈添加的材料，笔记本誊写的工作似乎到1793年6月就全部完成了。这些笔记可以理解为简 · 奥斯汀仿制蒲柏“全集”的戏谑之作，但她的文笔完胜了亚历山大 · 蒲柏（这位十八世纪最伟大的诗人29岁时就出版了精美华丽的大作《亚历山大 · 蒲柏作品集》）；笔记还模仿了在某些方面印刷出版物：比如《埃德加和爱玛》页边的连续引号（图 1.1），还有作分隔用的粗破折号，一边是她给《威廉 · 蒙塔古爵士》一本正经的献词，另一边是随后的仿冒滑稽版家谱（图 1.2）。这些笔记风格独特，幽默俏皮，但也许这种充满童趣的把戏在后世的小说家身上更为多见。比如，玛格丽特 · 阿特伍德的少年作品就与奥斯汀的笔记本极其相

图 1.1
-
简·奥斯汀，《卷一》，《埃德加和爱玛》开始页。
-
牛津大学博德利图书馆，MS.Don.e. 7, fol. 76.

图 1.2
-
简·奥斯汀，《卷一》，《威廉·蒙塔古爵士》开始页。
-
牛津大学博德利图书馆，MS.Don. e. 7, p. 106.

似。这位作家在二十世纪四十年代手缝了一本仿制书，全篇手抄并配插图。这本笔记本现存于多伦多大学托马斯·费舍尔图书馆（图 1.3）。

简·奥斯汀的三本手稿笔记本在一代人之后仍起着作用，或者说再次起了作用，让家族内部的社交活动热闹欢快。大约在1815年，简·奥斯汀年轻的侄子詹姆斯·爱德华·奥斯汀在《卷三》（微小说《伊芙琳》）的末尾续写了一条文字。而按时间顺序和专题列出的参考资料则清楚表明，在大约相同时间，他还对另一个故事《凯蒂，或树荫》（*Kitty, or the Bower*）做了修改。1817年简·奥斯汀去世后，这些笔记本由她的姐姐卡桑德拉保管。1845年卡桑德拉去世，笔记本分散到家族不同支系中，最终在二十世纪被各图书馆收藏——《卷一》藏于博德利图书馆，《卷二》和《卷三》藏于大英图书馆。笔记中唯一在十九世纪出版的是一个微不足道的小故事，《迷——未完成的喜剧》。詹姆斯·爱德华·奥斯汀 - 利将这个故事收录在他1871年出版的《简·奥斯汀回忆录》[1]中。他此时已是须发皆白的古稀老人，以擅长猎狐闻名于世。

他评论到，这些奥斯汀早期的作品尽管“幼稚”得让人尴尬，但起码是“纯正简单的英语”。奥斯汀 - 利认为这些“少年的倾诉……就是一种临时的娱乐消遣，家庭聚会上总少不了简·奥斯汀带来的欢乐”。[2]

这段文字值得深思。彼得·萨博敏锐地指出，《卷三》（“一位年轻女士全新风格的幻想倾诉”）上的铅笔题词“倾诉”可能是奥斯汀父亲所写。“倾诉”一词也是少年作品的标签，因为当时这个词有着重要的文学意味甚至特别的威望，人们认为“倾

1 1836年，詹姆斯·爱德华·奥斯汀继承了伯祖母简·利·佩洛特的遗产，同年他将姓改为奥斯汀 - 利。

2 奥斯汀 - 利，《回忆录》，编辑：萨瑟兰 p. 40。

Sir William Mountague

an unfinished performance

is humbly dedicated to Charles John Austen Esqre, by his most obedient humble Servant

The Author.

Sir William Mountague was the son of Sir Henry Mountague, who was the son of Sir John Mountague, a descendant of Sir Christopher Mountague, who was the nephew of Sir Edward Mountague, whose ancestor was Sir James Mountague a near relation of Sir Robert Mountague, who inherited the Title & Estate from Sir

诉”是天赋的自发或真实的流露。[1]

柯勒律治和华兹华斯都曾将自己的某些诗取名为“倾诉”。奥斯汀也在《诺桑觉寺》的著名章节（第 5 章）中用过“幻想的倾诉”这一惯用表述，来为她的小说题材做辩护。然而，“倾诉”一词的内涵在维多利亚时代渐趋贬义，暗示心智毫无约束，结构极其散乱。1842 年，《弗雷泽杂志》在对比文学大家和连载小说写手时有一句不乏鄙夷的评论，后被收录于《牛津英语大辞典》中：“伟大的小说家……要么博学，要么多才。而在流行月刊上‘倾诉’感情的写手，既无学，又无才。”1933 年，《卷一》完整版终于首次印刷出版，此时对少年作品情感泛滥问题的担忧仍然存在。R.W. 查普曼是奥斯汀研究的先驱者，但即使

1 简 · 奥斯汀，《少年作品》，编辑：彼得 · 萨博，剑桥大学出版社，剑桥，2006, p. li。

图 1.3
-
玛格丽特·阿特伍德，《蚂蚁安妮》，封面插图和针脚。
-
多伦多，托马斯·费舍尔图书馆，MS。Coll.00547, Box 1, Folder 2.

他本人也在前言中表示了担忧，“如此情感泛滥的作品是否应该出版，总会争议不断；也许简·奥斯汀早期的只言片语已经出版得够多了。”[1]

他指的是先前于 1922 年出版的《第二卷》；而《第三卷》的面世是在 1951 年。

另一个很能说明问题的描述是奥斯汀 - 利所谓“临时的娱乐消遣”。这是那些最亲近的人对这些少年作品的回忆，但也说明当时对这些文字的评价并不高。卡桑德拉在《卷一》卷首空页上贴了张便签，她在上面写道，“给我的兄弟查尔斯：我记得这卷手稿中的几件小事是特意写来逗他开心的。”这充分说明了这些文字轻松随意，只是亲朋间的交际而已。消遣不仅指逗人开心，潜在含义至少还包括分散、甚至误导注意力——这种双重意义在《曼斯菲尔德庄园》中有明显的表现（第 20 章），假装演戏就是种“不安全的消遣”。在经营她在维多利亚时代的声誉时，奥斯汀的继承人们最关注的就是这种可能性。在《回忆录》中，奥斯汀 - 利写了一件他妹妹卡洛琳的轶事——她抱怨说透露过多了——简·奥斯汀和她聊天时，告诫她少年时要少写东西，似乎后悔自己当年写得太多：

> 简·奥斯汀说——我记得很清楚！写故事确实是绝佳的消遣。虽然知道很多人不以为然，但奥斯汀本人觉得无伤大雅……我要是听从她的建议，那么 16 岁之前就不该再写作；奥斯汀自己也后悔少年时读得太少，写得太多。[2]

但是，奥斯汀 - 利却没有引用另一份有趣且精辟的文件，那是一封 1869 年卡洛琳写给他的信。她建议他把《伊芙琳》这个

1 简·奥斯汀，《卷一》，编辑：R.W. 查普曼，克拉伦登出版社，牛津，1933，p. ix。

2 奥斯汀 - 利，《回忆录》，编辑：萨瑟兰，p. 42。

离奇的故事（“这个故事我想你那儿有吧，内容纯粹是胡扯”）收录进正在编写的回忆录中。可以看出，奥斯汀的后人既担心这些少年作品有损她作为严肃小说家和维多利亚时代最好的家庭生活现实主义作家的声誉，又担心这些作品文学质量不高，会受人指摘。卡洛琳认为，奥斯汀少年时期的作品不仅没有预示她后期成熟的小说，而且适得其反：

> 奥斯汀早期构想出的作品滑稽夸张，无视一切应有或可能的规则——而她的成品小说和后期作品却都截然相反。每念及此，我都倍感惊奇。我是说，这些故事虽讲得巧妙，却全是废话，但没人知道公众会怎么看，所以风险总是有的。[1]

尽管奥斯汀 - 利在《回忆录》中写了很多凑数的文字，但他仍选择避免这种风险。不过在他对奥斯汀少年作品特点的总结中，卡洛琳的谨慎建议仍隐约可见：“她的初期作品肤浅轻薄，意在插科打诨而已，但这些废话中却不乏生趣。”[2]

“废话”当然是个贬义词：本意指毫无理智。而“理智”却是奥斯汀小说的根本优点，哪怕只是粗读过《理智与情感》的人也会这么认为。然而不论是否意在比较，“巧妙的废话”却有更多含义。这是因为当时“废话”正逐渐成为一种独特的文学模式，有时具有惊人的创新性。路易斯 · 卡罗尔就是这种文学模式的代表作家。他的《爱丽丝梦游仙境》（1865 年）中有大量的语言、逻辑和文字表述的游戏，在《爱丽丝镜中奇遇》（1871 年）中更是登峰造极——

比如，矮胖子汉普蒂 · 邓普蒂在书中“胡言乱语”，对临时

1　卡洛琳 · 奥斯汀给詹姆斯 · 爱德华 · 奥斯汀 - 利的信“周三晚 [1869？]”，收录于奥斯汀 - 利，《回忆录》，编辑：萨瑟兰，附录，p. 186。

2　奥斯汀 - 利，《回忆录》，编辑：萨瑟兰，p. 40。

造词的分析令人眼花缭乱——卡罗尔的打油诗《猎鲨记》(1876年)也延续了这种风格。爱德华·利尔更是此中行家。他的《荒诞书》(1846年)语言怪诞又新颖。在奥斯汀-利的《回忆录》发行第二版时，爱德华·利尔的《荒诞歌、故事、植物和字母表》也出版了(1871年)，其中的语言游戏花样百出，“猫头鹰与猫咪”的故事也首次面世。

与此同时，荒诞文学还开始走向理论化。1888年，爱德华·斯特雷奇发表论文《论荒诞的艺术》，做出了经典的阐述：荒诞作为“理智的对立面”，是一种模式，“旨在发现并讨论人类社会和自然界中的种种矛盾。”在斯特雷奇的描述中，荒诞有着诸多特点，比如破坏性、颠覆性强，无视道德规范，充满怪诞的讽刺元素，等等。但其主要范围却局限于无伤大雅的消遣。荒诞“颠倒万物的秩序，制造混乱，将它们以各种不自然、不合理、荒谬的方式重新组合，但结果却并不让人觉得痛苦或危险”。[1]现代的解读更进一步，强调荒诞文学未曾解释或解决的矛盾、冲突和破裂，以及它们令人不安的特质。混乱的语言、荒谬的逻辑和杂乱的描述，这些都是最常被采用的破裂形式。诺埃尔·马尔科姆发现，荒诞文学在十七世纪时已经相当繁盛，而且作为一种文学模式已经具有自觉性——截然不同于当时流行的肆无忌惮的文风——它的核心技法是通过滑稽的模仿，冷眼旁观常规的观察、思考和写作方法，并加以讽刺。关于荒诞文学和维多利亚时代主流诗歌间的关系，罗德里克·麦吉利斯有句评论，可以用到对小说成规的理解上：“通过对诗歌原则中的理智和深邃思想的颠覆，通过将理智首尾倒置来引人注目，荒诞文学挑战着人们对现实的盲目接受，挑战着那种号称反映

1 《季度评论》，No. 167，1888年7—10月，p. 335，引用于维姆·蒂格斯《文学废话解析》(*An Anatomy of Literary Nonsense*)，罗多皮出版社，阿姆斯特丹，1988，pp. 7, 8。

现实的语言。”[1]

按照这些标准，奥斯汀的少年作品可能属于荒诞文学。[2]这些作品描写的琐碎小事，甚至作品本身的风格也可能违背她的成熟小说中一贯的道德性和真实性。如果存在这些可能性，那么不难理解，为了维护她的声誉，维多利亚时代的家族后人们会将这些作品秘而不宣。可想而知，在一战之后二战之前，当奥斯汀小说最为流行之时，这些作品的首次公布自然令读者耳目一新。在《爱与友谊和其他早期作品》（1922 年《卷二》出版时所用标题）的序言中，G.K. 切斯特顿建议重新确定奥斯汀在文学史上的地位，将此卷内容比肩于“皮科克或麦克斯·毕尔邦的滑稽讽刺经典”，将奥斯汀并列于拉伯雷、狄更斯等辞藻华丽、讽刺绝妙的文豪。突然间一切都变了样子；她作品的真正源泉成了“卡冈都亚和匹克威克；拥有巨大的喜剧灵感”。[3]在对切斯特顿版本的评论中，弗吉尼亚·伍尔芙借机摆脱了“奥斯汀狂热粉”这一令人窒息的标签，转而赞美叛逆的快乐、残忍的欣喜等等“一派胡言”。最重要的是，伍尔芙之所以盛赞《卷二》，是因为它明智地反对为了凸显礼貌或品位而故作高雅或恭敬的行为。“即使在 17 岁这样容易感情用事的年纪，她也从未因心存羞愧而责备自己，从未因心生怜悯而笔下留情，从未因意气冲动而改变对人对事的根本看法。她似乎是在说，冲动和狂热都与她绝缘。”[4]

1 诺埃尔·马尔科姆，《英语废话起源》（*The Origins of English Nonsense*），哈珀·柯林斯出版社，伦敦，1997；罗德里克·麦吉利斯，《废话》（*Nonsense*），收录于理查德·克罗宁、艾莉森·查普曼、安东尼·H. 哈里森（编辑），《维多利亚时代诗歌指南》（*A Companion to Victorian Poetry*），布莱克威尔出版公司，伦敦，2002，pp. 155-70（p. 164）。

2 就我所知，在奥斯汀研究界中，该项建议只提过一次。凯瑟琳·萨瑟兰在讨论奥斯汀的一笔双叙法时，指出这一手法“将奥斯汀少年时的随笔与英国荒诞或荒谬文学的大传统联系起来。在查尔斯·兰姆、狄更斯、爱德华·利尔等大师的笔下，世界彻底颠覆，不同现实各有疯狂的逻辑，互相碰撞”（简·奥斯汀，《卷一》，引言：凯瑟琳·萨瑟兰，博德利图书馆，牛津，2013，p. xiv）。

3 《爱与友谊和其他早期作品》，引言：G.K. 切斯特顿，Chatto & Windus 出版社，伦敦，1922，pp. xi, xiv。

4 弗吉尼亚·伍尔芙，《简·奥斯汀在练笔》（*Jane Austen Practising*），《新政治家》，1922 年 7 月 15 日。

伍尔芙总结道，阅读这些作品就像“倾听简·奥斯汀的练习作品”，这些少年作品确实在主题和修辞上预示了日后出版的小说。特别是几年后问世的三本小说（《理智与情感》《傲慢与偏见》《诺桑觉寺》），草稿都成于十八世纪九十年代后期。伍尔芙所用“倾听”一词可谓精当。我们应该记住，这些作品虽然在风格上模仿印刷品规格，但无疑也是为朗诵而设计的。在奥斯汀的时代，默读逐渐流行起来但还丝毫没有影响到人们在欢聚时一起朗诵的习惯。正如埃尔斯佩思·莱戴思卡指出，“几百年来，‘大声地’一词实属多余，因为阅读就意味着朗读。”[1] 很多资料表明，在被奥斯汀欣赏的世纪中叶的小说家中，朗读是一种根深蒂固的习惯：

在苏珊娜·海默尔作于 1751 年的画中，可以看到塞缪尔·理查森正在为他的好友们朗诵《查尔斯·格兰迪森爵士的历史》（图 1.4）；

1752 年，格洛斯特主教借口伤风，坚持“默读（亨利·菲尔丁的）《艾米莉亚》”。伊丽莎白·卡特表示反对，说默读违反了“晚饭后和家人一起朗读”的标准做法。毫无疑问，乔治·奥斯汀牧师一家比格洛斯特主教一家更享受这种传统，但也说明“与家人一起朗读”在当时是种惯例。奥斯汀迁居查顿（1809 年 7 月）后，随着侄子、侄女一代逐渐长大，这种家族传统也得以延续。《卷二》的另一位编辑布莱恩·索瑟姆认为“作品的有些部分显得随意……这是因为简·奥斯汀面向的不是读者，而是听众”。简·奥斯汀去世后不久，她的哥哥亨利·奥斯汀写了第一本家庭回忆录。书中写到，她在朗诵自己的散文时展现出精湛的技艺，“倾听她亲口朗诵是种至高无上的享受；因为她拥有超凡的

1 埃尔斯佩思·莱戴思卡，《默读及叙述者的诞生》(*Silent Reading and the Birth of the Narrator*)，多伦多大学出版社，多伦多，2007，p. 37。

喜剧天赋”。[1]

伍尔芙说在《卷二》中听到了朗诵的声音，如果确实如此，那么奥斯汀是否也如她所说，是在为今后的写作生涯练笔呢？相比于早期手稿和后期出版小说之间的联系，现代的学者更注重两者间的差别。这种看法与卡洛琳·奥斯汀1869年的观点遥相呼应，尽管后者更具警示意味。玛格丽特·安妮·杜迪的阐述在现代学者中可能最有影响。她认为，即使奥斯汀少年时代的作品是一种练笔，成年后的文风也与之截然不同。杜迪的核心

1 简·奥斯汀，《卷二》，编辑：布莱恩·索瑟姆，克拉伦登出版社，牛津，1963，p. xi；亨利·奥斯汀，《传记短评》（*Biographical Notice of the Author*）（1818），收录于奥斯汀 - 利，《回忆录》，编辑：萨瑟兰，p. 140。

图 1.4

-

苏珊娜·海默尔（后改名为邓库姆）和理查森在 North End 朗读《查尔斯·格兰迪森爵士的历史》（1751 年），《塞缪尔·理查森通信集》中的复制品，安娜·巴鲍德编（伦敦，1804 年）。

-

牛津大学博德利图书馆，（Vet.）。2569 e.53， 卷首插画。

观点认为，奥斯汀在 1811 年出版首部小说之前，遭受了多年的挫折和碰壁经历。

按照她的描述，在这一过程中，奥斯汀逐渐屈从于当时小说出版的限定性规范，或至少做出了妥协。奥斯汀被迫适应的那种风格因循守旧，充满说教，“容不下社会批判或自由美学——更不用说道德质问了”。当奥斯汀做出了必要的适应后，问题就变成了“以家庭和道德为主题的求爱小说是唯一可用的形式，怎样既满足其种种限制，又保留奥斯汀自己的深层次兴趣”。因此杜迪认为，奥斯汀少年作品的特殊价值，在于显露了她放纵不羁的文学天赋。

这种天赋是她为了让作品能够出版而不得不压抑的。“她的早期作品风格粗犷、激烈、性感又滑稽”；表明了“如果不受限制，奥斯汀会是什么风格”。[1] 换言之，世人所见的奥斯汀并非本来面目，而恰恰是其反面。

茱莉叶·麦克马斯特的阐述更进一步，认为奥斯汀小说的成就（“言语克制、措辞妥帖；细腻的道德想象力伴随着人物关系发展中各种微妙的细节”）正是因为源自“年轻人热情奔涌的创造力”才更显伟大。然而麦克马斯特和杜迪一样，都对奥斯汀前后期作品间的反差感到惊异。她指出，大部分奥斯汀评论家已经习惯用两分法来总结奥斯汀的著作：一方面，早期手稿“荒唐、嬉闹、率真、夸张、感情强烈、言语粗鄙、不成体统又极端无礼”；另一方面，出版小说却“平和、慎重、克制、有度”。[2]

麦克马斯特认为这种反差是奥斯汀故意滑稽地模仿他人作品

1 玛格丽特·安妮·杜迪，《早期短篇故事》（*The Early Short Fiction*），收录于爱德华·科普兰、茱莉叶·麦克马斯特（编辑），《简·奥斯汀剑桥文学指南》（*The Cambridge Companion to Jane Austen*），第二版，剑桥大学出版社，剑桥，2011，pp. 72-86（pp. 83-4, 85, 86）。

2 茱莉叶·麦克马斯特，《青年简·奥斯汀：作家》（*Young Jane Austen: Author*），收录于克劳迪娅·约翰逊、克拉拉·图特（编辑），《简·奥斯汀指南》（*A Companion to Jane Austen*），布莱克威尔出版公司，牛津，2009，pp. 81-90（p. 81）。

图 1.5
-
流动图书馆，艾萨克·克鲁克香克水彩画（Laurie & Whittle，伦敦，1804 年）。
-
耶鲁大学英国艺术中心，保罗·梅隆藏品。

所致，并大量举例，证明少年作品对主流小说的惯例和俗套是极尽嘲讽的。在当时，这类小说也因文字粗陋但销量巨大而饱受讥讽（注意**图 1.5** 中已售空的几格书架）。奥斯汀和她的兄弟姐妹们住在史蒂文顿时，显然读了很多此类小说，其特点是文笔低劣，多在流动图书馆中借阅。她少年时的作品也与这类小说紧密相关。在某种意义上，《爱与友情》这部仓促写就的滑稽文章，模仿的就是伊莱扎·布罗姆利的《罗拉与奥古斯都》（1784 年）。

这部书信体小说厚 500 页，是赚人眼泪的煽情文字。刚出

版时，某位厌世的评论家曾盛赞此书“引人入胜”。[1]总体说来，尽管奥斯汀嬉笑嘲讽，乐在其中，也并未居高临下，奚落贬损，但少年作品还是对所有陈旧老套的文风进行了攻击——“发表些迂腐的陈词滥调、评论些出版的垃圾文章……这种事还是让评论家们去做吧”——在《诺桑觉寺》（第5章）中，奥斯汀刻意与其保持了距离。十八世纪的小说常有阿谀奉承的题词和空洞浮夸的前言，奥斯汀专以讽刺它们取乐（她在一篇题词中一本正经地为侄女安娜写下格言警句，希望“能对安娜的为人处世提供重要指引”；但彼时安娜出生才刚七周）；她的讽刺对象包括荒诞不经、篡改严重的故事（一位女郎的腿被猎场陷阱夹断，正倒地呻吟时，旁人问她“能否赐予我您的‘生活与冒险’？”她竟欣然同意）；愚昧无知的名声［“我和索菲娅都太可怜了——我们轮流晕倒在沙发上”——奥斯汀在这里模仿的是谢里丹的剧作《批评家》（1779年）］；扭捏做作的书信体小说（“亲爱的莫德 | 闻令兄已至，心下甚喜。然胸中千言，一语难尽，只能聊表吾心。弗赖恩德 | 艾米莉亚·韦伯斯特”）。[2]值得一提的是，直到1815或1816年，当奥斯汀半开玩笑地说“准备写小说”时，很多这种惯例和俗套仍在苟延残喘。她的攻击对象是充满煽情和道德说教的小说，这些小说情节烂俗、语言陈腐（“这位可怜的父亲……对他的不肖子循循善诱，谆谆告诫。突然文兴大发，出口成章，不时痛骂收什一税的教会。一连四五个小时后，竟一命呜呼”）。[3]在这方面，可以认为少年作品中的滑稽模仿预示了她的文风，那就是贯穿了她所有作品的讽刺

1 彼得·加塞德、詹姆斯·雷文、Rainer Schöwerling（编辑），《1770-1829年的英文小说：英伦三岛出版散文故事文献纵览》（*The English Novel 1770-1829: A Bibliographical Survey of Prose Fiction Published in the British Isles*），牛津大学出版社，牛津，2000，第一卷，p. 336，引自1784年3月号 Critical Review。

2 《简·奥斯汀少年作品》（*Jane Asusten, Teenage Writings*），编辑：凯瑟琳·萨瑟兰、弗雷亚·约翰斯顿，牛津大学出版社，牛津，2017，《致简·安娜·伊丽莎白·奥斯汀小姐》《杰克与爱丽丝》《爱与友谊》《艾米莉亚·韦伯斯特》。

3 简·奥斯汀，“小说计划”（Plan of a Novel），收录《简·奥斯汀：次要著作》（*Minor Works*），编辑：R.W. 查普曼，牛津大学出版社，牛津，1954，p. 430。

笔法。少年时所嘲笑的品位和信套——纵然她才华卓越，独具匠心——成年后也不得不做出适应。

她有两篇风格类似的早期作品，不知为何没有收录进几卷手稿中。第一篇是封署名为“索菲亚·桑提门特”的信，写于 1789 年 3 月 28 日。信是投给《漫步者》杂志的。这本杂志由学生仿照约瑟夫·艾迪生的随笔期刊风格创办，每周六在牛津大学出版，从 1789 年到 1790 年共出版了 60 期；奥斯汀的哥哥詹姆斯担任编辑，他和弟弟亨利撰写了 60 篇随笔中的 38 篇。[1]

奥斯汀文笔优雅，为两位哥哥所不及。“索菲亚·桑提门特”自称是位热心读者（“读过数百本小说和剧本”），并痛斥随笔作者写的全是礼仪道德，而不是小说（“写爱情和荣誉的情感故事一个都没有……也没有写隐修士的复活节故事”）。如果想吸引女性读者，《漫步者》必须刊登些“细腻动人的情感故事，比如写一对不幸的情侣。他们正要去教堂，却惨遭不测”。为此索菲亚毛遂自荐，准备献上自己的作品。如果编辑胆敢拒绝——鬼机灵小妹逗弄哥哥的形象跃然纸上——“你们就得打一辈子光棍，小妹我整日在家缠着你们不放”（图 1.6）。[2]

第二篇作品是个滑稽短剧，模仿塞缪尔·理查森的《查尔斯·格兰迪森爵士的历史》（1753—1754 年），可能是奥斯汀的侄女安娜（就是当年那位得到“人生指引”的女婴）在她的鼓励下创作的，时间应该晚于 1800 年。不过布莱恩·索瑟姆认为短剧的开篇可能是奥斯汀自己在 1791—1792 年之间写的，这种看法也时常有人支持。[3]

1 有关简·奥斯汀是否是真正作者的正反两方观点，请参阅《简·奥斯汀少年作品》，编辑：凯瑟琳·萨瑟兰、弗雷亚·约翰斯顿，牛津大学出版社，牛津，2017，附录。

2 《简·奥斯汀少年作品》，编辑：凯瑟琳·萨瑟兰、弗雷亚·约翰斯顿，牛津大学出版社，牛津，2017，附录。

3 有关争论细节，参见简·奥斯汀，《晚期手稿》（*Later Manuscripts*），编辑：珍妮特·陶德、琳达·布瑞，剑桥大学出版社，剑桥，2008，pp. cxi-cxviii。

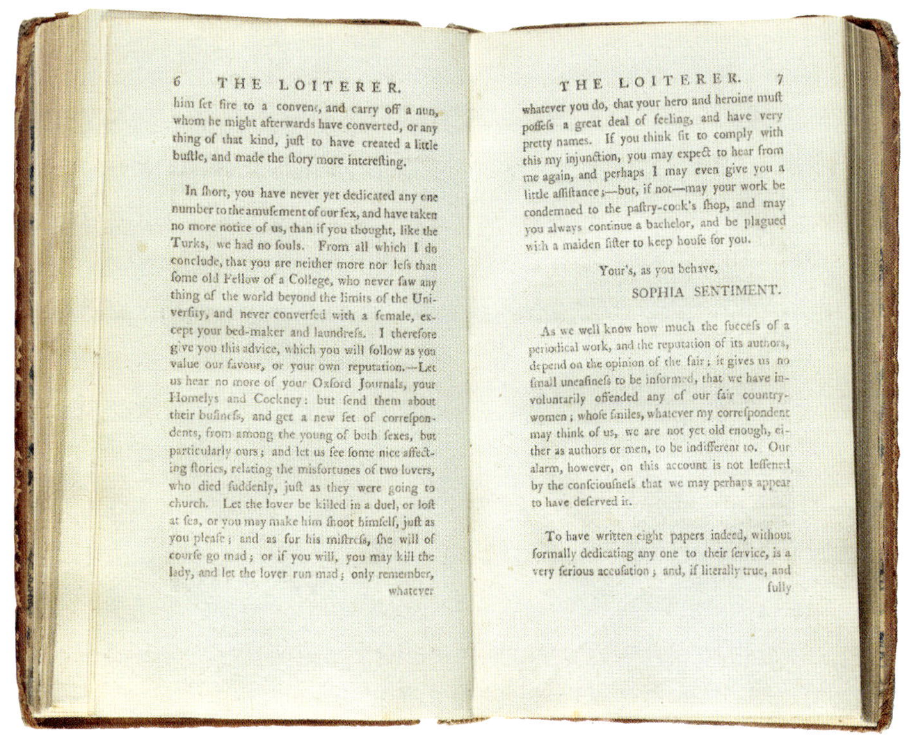

6 THE LOITERER.

him ſet fire to a convent, and carry off a nun, whom he might afterwards have converted, or any thing of that kind, juſt to have created a little buſtle, and made the ſtory more intereſting.

In ſhort, you have never yet dedicated any one number to the amuſement of our ſex, and have taken no more notice of us, than if you thought, like the Turks, we had no ſouls. From all which I do conclude, that you are neither more nor leſs than ſome old Fellow of a College, who never ſaw any thing of the world beyond the limits of the Univerſity, and never converſed with a female, except your bed-maker and laundreſs. I therefore give you this advice, which you will follow as you value our favour, or your own reputation.—Let us hear no more of your Oxford Journals, your Homelys and Cockney: but ſend them about their buſineſs, and get a new ſet of correſpondents, from among the young of both ſexes, but particularly ours; and let us ſee ſome nice affecting ſtories, relating the misfortunes of two lovers, who died ſuddenly, juſt as they were going to church. Let the lover be killed in a duel, or loſt at ſea, or you may make him ſhoot himſelf, juſt as you pleaſe; and as for his miſtreſs, ſhe will of courſe go mad; or if you will, you may kill the lady, and let the lover run mad; only remember, whatever

THE LOITERER. 7

whatever you do, that your hero and heroine muſt poſſeſs a great deal of feeling, and have very pretty names. If you think fit to comply with this my injunction, you may expect to hear from me again, and perhaps I may even give you a little aſſiſtance;—but, if not—may your work be condemned to the paſtry-cook's ſhop, and may you always continue a bachelor, and be plagued with a maiden ſiſter to keep houſe for you.

Your's, as you behave,

SOPHIA SENTIMENT.

As we well know how much the ſucceſs of a periodical work, and the reputation of its authors, depend on the opinion of the fair; it gives us no ſmall uneaſineſs to be informed, that we have involuntarily offended any of our fair countrywomen; whoſe ſmiles, whatever my correſpondent may think of us, we are not yet old enough, either as authors or men, to be indifferent to. Our alarm, however, on this account is not leſſened by the conſciouſneſs that we may perhaps appear to have deſerved it.

To have written eight papers indeed, without formally dedicating any one to their ſervice, is a very ſerious accuſation; and, if literally true, and fully

图 1.6

-

《漫步者》中的一页，索菲亚·桑提门特的信，1789 年 3 月 28 日，p7。

-

牛津大学博德利图书馆，Hope 8-582, vol. 1,no. 9, p. 7.

无论如何（在这方面就像创办《漫步者》一样），“查尔斯·格兰迪森爵士”成了围绕在奥斯汀周围的家庭娱乐素材的一部分，在她所有作品里关于《格兰迪森爵士》的众多笑话中都有体现（见**图 1.7**，可以看出，写“格兰迪森”剧本用的小册子和写少年时期手稿用的小册子有多么相似）。奥斯汀很欣赏理查森作品的道德性和文学严肃性，这种态度以讽刺的形式体现在了《索桑觉寺》中。主人公受哥特式哗众取宠风格的影响，认为《格兰迪森爵士》“无聊透顶……安德鲁斯小姐连第一卷都无法看完”（第 6 章）。但《格兰迪森爵士》的确以用词隐晦琐屑、情节拖泥带水而闻名。沃尔特·司各特写过一个笑话，说有位老妇人喜欢让人读《格兰迪森爵士》给她听，“因为就算中间睡着

图 1.7
-
《查尔斯·格兰迪森爵士的历史》手稿。
-
乔顿庄园图书馆。

了，醒来继续听也不会漏掉什么”。[1] 在“格兰迪森”短剧中，用滑稽戏的形式表现了这个笑话。理查森的七卷巨著被浓缩成短短几分钟的家庭娱乐节目，形式既有表演又有阅读。为了表现既开心又不耐烦的心情，奥斯汀一家把理查森那拖沓的情节大幅压缩，压到像加演的滑稽戏一样短（类似于亚当·麦克诺顿的三分钟版《哈姆雷特》），但保留了原作中常有的前言不搭后语的对白和忙乱的舞台表现（“布丽奇特女士和里夫斯先生走不同的门退场——后台喊话——”）[2]，还有杂乱无章的情节。

然而，想要充分理解奥斯汀在她早慧的文字中展现的“巧妙的废话”，还要深究模仿剧和滑稽剧之间的区分。少年作品中所表露的才智已经远远超出讽刺效果的需要，其中明显的表现就是奥斯汀那华丽的文字游戏。她的小说中有很多稀奇古怪的地名：Crankhumdunberry（《弗雷德里克与艾尔弗里达》）、Pammydiddle（《杰克与爱丽丝》），还有那奇妙的环境，威廉·蒙塔古爵士在那里与“Kilhoobery 庄园的三位克利夫顿小姐”坠入爱河。也有不少有伤风化的人名：仅在《弗雷德里克与艾尔弗里达》中，就有“Jezalinda”（多愁善感的女英雄与妓女的结合体）和“白金汉郡的罗杰上尉”——乍一听并不下流，但是在所有郡的名称中，为什么偏偏选择白金汉郡（Buckinghamshire）呢（译注：Buck 有花花公子之意）？总之，情色影射太多，根本无从辩解。在《曼斯菲尔德庄园》中，玛丽·克劳福德有个臭名昭著的笑话，说的是海军中的“海军少将（rear admiral）和中将（vice admiral）（译注：双关，rear 和 vice 也指屁股和卖淫）”（第 6 章）。

1 约安·威廉姆斯（编辑），《沃尔特·司各特爵士论小说家和虚构故事》（*Sir Walter Scott on Novelists and Fiction*），罗德里奇出版社，伦敦，1968，p. 31。

2 《简·奥斯汀的查尔斯·格兰迪森爵士》（*Jane Austen's Sir Charles Grandison*），编辑：布莱恩·索瑟姆，克拉伦登出版社，牛津，1980，p. 69。

He did once you know. And I do
not know what you mean by my ~~being~~ it being turn to be called upon.

Miss G. Why, when
to be married.
not get on Lor
will be worsted
come is not it
at her watch
four.

Lord L. You
-lotte, fo
dine a

Miss G.
did no
pardo
Lit

Lord L.
But yo

Act 2.d Scene 1.st
Paddington.
~~Enter~~ The Curtain draw
& discovers
Miss Byron Mrs Reeve

Mrs R. But my dear young
Lady, think what a la
fortune Sir Hargrave h
got
nothi

Miss B.
do
marr
I al
Late
How
wo

Sir Charles
or
The happy
a Comedy
Dramatis Personae.
Men
Sir Charles Grandison
Sir Hargrave Pollexfen
Lord L.
Lord G.
Mr. Reeves
Mr. Selby

Women
Harriet
Milliner
Lady
Miss Gran
Sally
Mrs Selby
Mrs Reeves
Miss Auberry
Bridget

in Miss
uch, bu
marry h
consent.
t told
should h
uite as
not me
by her,
. Upon
a fir
ave de
bjectio
pt Har
Lave
will
if she do not
band now, she

同样，在《苏珊夫人与英国史》中也有鸡奸的暗示。比如，给兰伯特·西姆内尔这位暴发户男侍起的怪异外号是“理查三世的遗孀”；并且赞美詹姆士一世，称他在与皇室红人交友时显示出“敏锐深入”的能力，并且“性情温良，好交朋友”。除了熟练运用下流的隐喻和迂回的措辞之外，奥斯汀采用的大量列举手法也让切斯特顿看到了拉伯雷的影子。列举效果与字意无关，是靠对字音的把玩产生的。

瞧瞧克利福德先生收藏的马车吧——“Coach（封闭马车）、Chariot（战车）、Chaise（轻型两轮马车）、Landeau（四轮马车）、Landeaulet（小型四轮马车）、Phaeton（四轮敞篷轻便马车）、Gig（轻便双轮马车）、Whisky（双座马车）、意大利 Chair（单马轻便车）、Buggy（轻便小马车）、Curricle（双轮双马轻便车）和 wheel barrow（独轮推车）（“克利福德先生回忆录”）——或者看看夏洛特的全肉宴——“小野兔肉、鹧鸪肉、野鸡肉和鸽子肉（《弗雷德里克与艾尔弗里达》）——她吃饭前刚刚漫不经心地分别答应了两个男人的求婚；在下一段中就自溺身亡了。《卷一》末尾的“怜悯诵”，生动意象层层堆叠，朗朗上口——“hut（棚屋）、Cot（茅屋）、Grot（洞穴）、Chapel queer（教堂怪人）”——在其他段落中有很多奥斯汀自创的谚语，她显然很喜欢把陈词滥调错乱放置：“虽然弗雷德里克胆大又无耻，但在其他方面心地却像棉花一样柔软”（《弗雷德里克与艾尔弗里达》）。她频繁地混用文雅和俚俗的词语，陶醉于刺眼的语域混搭——“我要麻烦斯坦利先生做些洋葱煎牛蹄筋”（《访问》）——毫无理由地乱用宏大辞藻：一位英雄“如此光彩照人，除了老鹰，没人能够直视他的脸”（《杰克与爱丽丝》）。引用《诺桑觉寺》做个错误的比喻，奥斯汀好像一直在选择最不恰当的词语来进行写作。

在文字描述的层面上也一直存在着这种不协调，而且总是毫无原因。奥斯汀幸灾乐祸地违反形式现实主义，甚至违反文学技能的基本标准。文中出现了荒谬的夸张——“爱玛……余生以泪洗面”(《埃德加和爱玛》)；轻描淡写的反讽——“我们的街坊很少，只有母亲一个”(《爱与友情》)；自相矛盾——“他名叫林赛……但我必须用他的假名陶尔博特”(《爱与友情》)；同义反复——她“尽管”仁慈又直率，却慷慨且真诚(《杰克与爱丽丝》)；虎头蛇尾——“我们东边有一片茂盛的榆树林作为屏障——西边也有一圃荨麻——”(《爱与友情》)；胡言妄语——“他每月都给家里送一只大纽芬兰犬”(《慷慨的牧师》)。一对情侣无法结婚“只因他们年龄尚小，丽贝卡 36 岁，罗杰上尉刚过 63”；再往后几页，“已经过期 7 天，这借口不能再用了”(《弗雷德里克与艾尔弗里达》)。奥斯汀常用的一种修辞手法是劳伦斯·斯特恩所谓的“塞万提斯式幽默……用详尽、恢弘的语言来描述愚蠢琐屑的事情”,[1] 叙事复杂详细，却从来分不清主次：本来是一个悬念丛生的私奔故事，却插入了一场冗长的辩论，讨论脸色红润的优缺点(《杰克与爱丽丝》)；一场家庭内部关于是否要新开一扇门的讨论细节，却花了大量的笔墨去描述(《爱与友情》)。

在《亨利与伊莱扎》(故事的幽默标题暗指简·奥斯汀的弟弟亨利和他们的表姐伊莱扎·德·傅伊利德)[2] 中，奥斯汀以看似平淡无奇的笔法，融合了两个大相径庭的故事设置。主角是性情莫测的“女公爵 F”，她时而是开明的现代贵族，时而变身为中世纪军阀：一开始她集结部队，排兵布阵；然后建造地牢，准备折磨敌人，之后“派出 300 甲兵追杀敌人，并传下命令，活要见人，死要见尸”。这个故事可能是在取笑十八世纪末萌芽的历

1 劳伦斯·斯特恩，《信件集》(*The Letters*)，第一部分：1739—1764 年，编辑：梅尔文·纽、彼得·德·格德，佛罗里达大学出版社，盖恩斯维尔，2009, p. 92。

2 1781 年，19 岁的伊莱扎嫁给了一位法国士兵；1794 年，他在巴黎被送上了断头台。1797 年 12 月，伊莱扎嫁给了亨利。十年前的 1787 年 12 月，两人还在家庭表演中演过对手戏，打情骂俏。当时演的是苏珊娜·圣特利芙的流行喜剧《奇迹：女人守住了秘密！》(1714 年)。剧中主角是英雄唐·菲利克斯(亨利扮演)和美女维奥朗特(伊莱扎扮演)。他们不顾父母反对，与顽皮的佣人们周旋，克服了种种不幸和误解，并终成眷属。《亨利与伊莱扎》大约写于 1788 年，离奇地预言了伊莱扎·德·傅伊利德丧偶、离开法国并定居英国的遭遇。

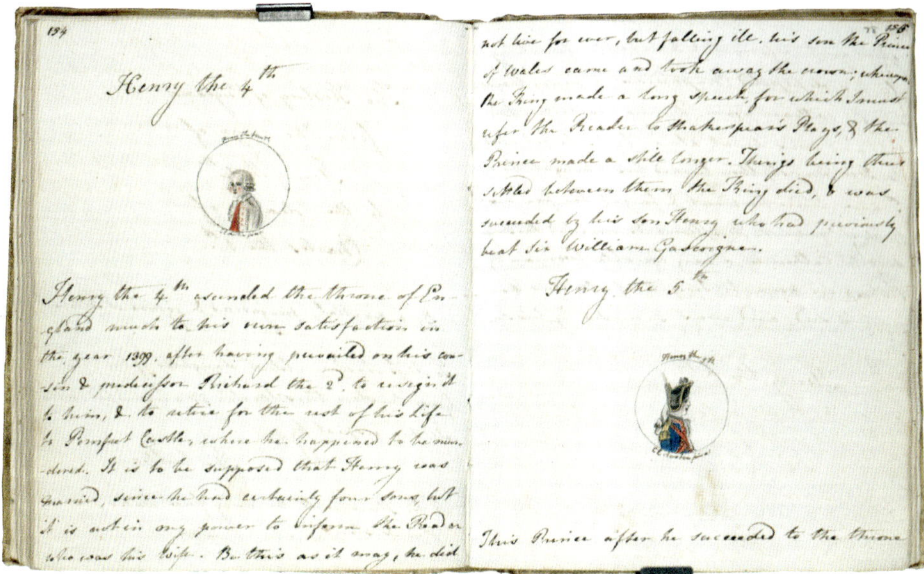

154

Henry the 4th

Henry the 4th ascended the throne of England much to his own satisfaction in the year 1399, after having prevailed on his cousin & predecessor Richard the 2d, to resign it to him, & to retire for the rest of his Life to Pomfret Castle, where he happened to be murdered. It is to be supposed that Henry was married, since he had certainly four sons, but it is not in my power to inform the Reader who was his Wife. Be this as it may, he did

155

not live for ever, but falling ill, his son the Prince of Wales came and took away the crown; whereupon, the King made a long speech, for which I must refer the Reader to Shakespear's Plays, & the Prince made a still longer. Things being thus settled between them the King died, & was succeeded by his son Henry who had previously beat Sir William Gascoigne.

Henry the 5th

This Prince after he succeeded to the throne

图 1.8

-

简·奥斯汀《卷二》中亨利四世与亨利五世的圆雕饰肖像，卡桑德拉·奥斯汀作。

-

伦敦大英博物馆，地址 MS.59874，pp. 154–5. 大英图书馆委员会。

史小说。故事本身仍与感性的现代修辞格格不入。直到一代人之后，沃尔特·司各特才让历史小说大行其道。卡桑德拉对历史小说也抱有取笑的态度，她为《英国史》画的圆形肖像甚为草率，充满了时代错误。亨利四世被画成涂脂抹粉、头戴假发的纨绔子弟，身穿带褶裥饰边的双排扣长礼服（图 1.8）。亨利五世被画成精心打扮的海军军官，头戴三角帽，肩扛金色肩章。爱德华四世——“这位以美貌闻名的君主”——脏乱邋遢，活像个十八世纪的农民；大卫·诺克斯的描写很精确：“塌鼻子，满脸横肉，双下巴，肥脸丑似猪。”（图 1.9）[1]

奥斯汀却坚持认为毫无不妥，这种态度更加强了荒诞不经的

1　大卫·诺克斯，《简·奥斯汀：一生》（*Jane Austen: A Life*），Fourth Estate 出版社，伦敦，1997，p. 125。

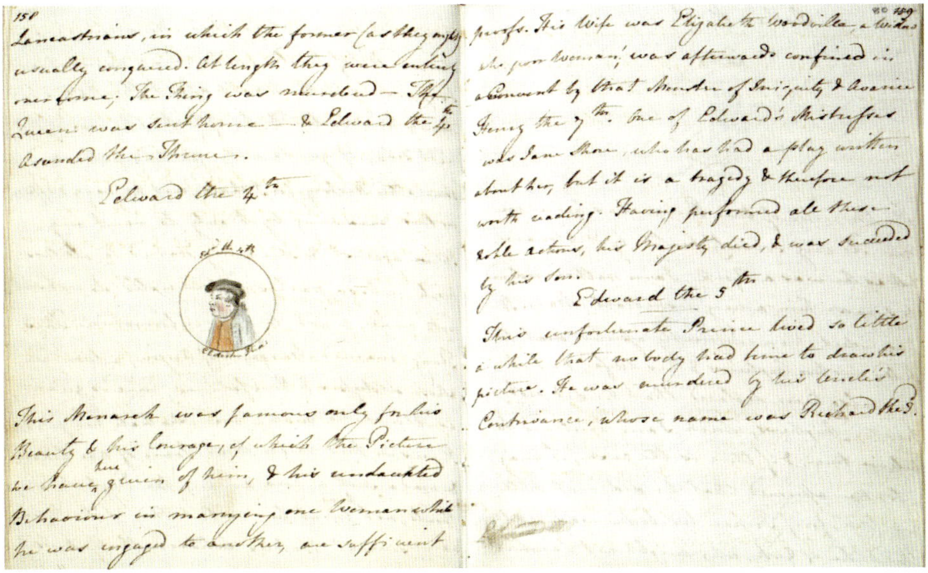

158

Lancastrians, in which the former (as they always usually conquered. At length they were entirely overcome; The King was murdered — The Queen was sent home — & Edward the 4th Ascended the Throne.

Edward the 4th

This Monarch was famous only for his Beauty & his Courage, of which the Picture we have given of him, & his undaunted Behaviour in marrying one Woman while he was engaged to another, are sufficient

159

proofs. His Wife was Elizabeth Woodville, a Widow who, poor Woman!, was afterwards confined in a Convent by that Monster of Iniquity & Avarice Henry the 7th. One of Edward's Mistresses was Jane Shore, who has had a play written about her, but it is a tragedy & therefore not worth reading. Having performed all these noble actions, his Majesty died, & was succeeded by his Son.

Edward the 5th

This unfortunate Prince lived so little a while that nobody had time to draw his picture. He was murdered by his Uncle's Contrivance, whose name was Richard the 3d.

图 1.9

-

简·奥斯汀《卷二》中爱德华四世的圆雕饰肖像，卡桑德拉·奥斯汀作。

-

伦敦大英博物馆，地址 MS.59874, p. 158. 大英图书馆委员会。

效果。她的典型叙事态度是不动声色地保持中立，用波澜不惊甚至漠不关心的态度接受残忍和暴力，道德上漫不经心，情感上麻木不仁。十八世纪的“心灵美”比喻，被一位剧中人物的蹩脚用法糟蹋得不成样子，对此奥斯汀只是如实记录，不予评论：

> 您漂亮又可爱，魅力四射，只是眯缝眼丑得吓人。头发油腻打绺，后背病态肿胀，触目惊心，笔墨难以形容。初次看见您外表的人，若是毫无防备，必然惊骇莫名。但是您高贵、迷人的心灵足以弥补这种缺陷，我对此不禁感到狂喜。（《弗雷德里克与艾尔弗里达》）

而那位外表丑陋的人听见这话，却不以为忤，其他角色也毫不在意。同样的问题也存在于《亨利与伊莱扎》中，奥斯汀在这个故事里从拉丁文概述切换成具体的盎格鲁-撒克逊语细节描写，其转变可谓华丽。

这个故事戳穿了田园生活宁静快乐的谎言，开篇是“乔治爵士和哈考特夫人……监督晒干草工人干活儿，勤快的微笑赞许，磨洋工的棍棒责罚”。奥斯汀先用优雅的对句来伏笔（“勤快的……赞许，磨洋工的……责罚”），辅以关于仁慈家长制的陈词滥调（“监督”“微笑赞许”），最后用“棍棒”一词，实现了叙事技巧上的完美伏击。但她没有在这个词上过多纠缠，而是立刻引爆了下一场混乱。故事中的世界充满了随机、突发的暴力行为。情侣枉死于对手枪下，嫉妒的女人杀害朋友，等等。但人们都毫不介意，甚至毫无察觉。叙述者感兴趣的永远是其他东西：或者是婚姻情节的圆满结局［“威廉爵士射死了斯坦诺普先生；这样那位女士就没有了拒绝的理由”（《威廉·蒙塔古爵士》）］，或者是纪念牺牲女英雄的必要形式——“苏姬……嫉妒她的绝世魅力，用来自惊奇世界的毒药毒死了她”——关键词“毒药”隐没在一堆琐碎的描写［“绝世魅力”“惊奇世界”（《杰克与爱丽丝》）］中，稍不留意就会忽视。然而其他角色却总是像卡通人物般毫发无损，并且故事中也没有任何解释。一位浪漫的爱人在漫步时腿被“绅士的庄园里常见的捕兽夹”夹断。正在此时，一个毫无手术经验的人路过，居然手到病除，她的腿瞬间痊愈了——叙述者指出了这个情况，但觉得没必要做出解释。在求爱故事中，捕兽夹显得格格不入——“唉！查尔斯真残忍，伤了好人的心，和她的腿”（《杰克与爱丽丝》）——但是相比于查尔斯，奥斯汀对女英雄“美丽的卡桑德拉”的态度更为严酷。这个角色是对她亲爱的姐姐的夸张模仿。女英雄先是骗了商人的钱，又将他们痛打一顿，度过了“愉快的一天”。有时——借用亨利·菲尔丁在《强纳生·威德》（1743 年）中所用的技巧——使用反常的副词，或者从道德标准切换到美学标准，从而狡猾地赞同犯罪行为。在《爱与友情》中，男女英雄喜获

“一笔巨款，是奥古斯塔斯从他那混账父亲的写字台里优雅地偷走的”；《英国史》赞颂亨利八世解散修道院的决定，说此举“功德无量，有裨于英国美景”。

安东尼·伯吉斯认为，“英国的荒诞文学传统，就像随后的超现实主义一样，古怪之中自有道理。”[1] 奥斯汀早期仿书本样式的手稿中那些“巧妙的废话”（这是她的侄女在1869年所做的精确阐述），其中道理也着实古怪。然而这些荒诞文字的突出特点——风格恣意妄为；搭配格格不入；对矛盾从不解释或解决；对叙事逻辑肆意颠覆；对混乱剧情泰然接受——奥斯汀的这些文学技法让读者过目难忘。

感谢苏莎妮·辛格为研究提供的大力协助。

1 安东尼·伯吉斯，《废话》（*Nonsense*），收录于维姆·蒂格斯（编辑），《废话领域探索》（*Explorations in the Field of Nonsense*），罗多皮出版社，阿姆斯特丹，1987，pp. 17-21（p. 21）。

Queen Mary's lamentation

I sigh and lament me in vain These walls can but echo my moan A-las it increases my pain when I think of the days that are gone Thro' the grate of my prison I see the birds as they wanton in air my heart how it pants to be free my looks they are wild with despair

2d

Above tho' oppress'd by my fate
I burn with contempt for my foes
Tho fortune has alter'd my state
She ne'er can subdue me to those
False woman in ages to come
Thy malice detested shall be
And when we are cold in the tomb
Some heart will still sorrow for me

3d

Ye roofs where cold damps & dismay
With silence & solitude dwell
How comfortless passes the day
How sad tolls the evening bell
The owls from the battlements cry
Hollow winds seem to murmur around
Oh Mary prepare thee to die
My blood it runs cold at the sound

2 作曲中的人际关系

珍妮丝·布鲁克斯

图 2.1

-

简·奥斯汀的托马索·乔尔丹尼乐稿，《哀悼玛丽女王》，作词：安妮·亨特。奥斯汀在 1807 年 2 月 8—9 日的信中（信件编号 50）提到了这首歌。

-

汉普郡简·奥斯汀故居图书馆。图像由南安普顿大学数字化部提供。

从《傲慢与偏见》中的舞会到《劝导》中的音乐会，从《曼斯菲尔德庄园》中玛丽·克劳福德的竖琴曲到《爱玛》中简·费尔法克斯的钢琴曲，简·奥斯汀的小说向我们展示了一个丰富多彩、意味深长的音乐世界。奥斯汀保留至今的乐谱提供了绝佳的机会，让我们能够探究她演奏过的全部曲目与她想象中的插曲之间的联系，从而重构她与同时代的人们习以为常的社交场合背景音乐。[1] 音乐不仅要演奏出来，也需要对素材进行处理。但这一点并没有引起足够的重视。因此奥斯汀的乐谱作为实物，并未得到关注。简·奥斯汀音乐辑把分散的乐曲集中在一本乐谱中，不仅是实体的合集，也是抽象意义上的合集：具有突出的集体和社会内涵。奥斯汀谙熟音乐欣赏文化，透过这一点，我们能够意外地洞悉她的社会和艺术世界。

奥斯汀家庭乐谱的风格，符合十八世纪中叶之后的乡绅家

1 例见，帕特里克·皮戈特，《纯洁的消遣：简·奥斯汀生活与写作中的音乐研究》(*The Innocent Diversion: A Study of Music in the Life and Writings of Jane Austen*)，道格拉斯·克莱夫登出版社，伦敦，1979；大卫·赛尔温，《简·奥斯汀的休闲人生》(*Jane Austen and Leisure*)，汉布尔登，伦敦，1999；莫莉·桑道克，“‘我胸中燃烧着对敌人的鄙夷’：简·奥斯汀音乐收藏及摄政王时代英国女性生活”(“‘I burn with contempt for my foes’: Jane Austen’s Music Collection and Women’s Lives in Regency England”)，《劝导》，卷 23，2001，pp. 105-17；凯瑟琳·L. 利班，“日常练习、音乐成就，以及简·奥斯汀的例子”(Daily Practice, Musical Accomplishment, and the Example of Jane Austen)，收录于娜塔莎·杜克特、伊丽莎白·轮科斯（编辑），《简·奥斯汀与艺术：优雅、得体、和谐》(*Jane Austen and the Arts: Elegance, Propriety, Harmony*)，理海大学出版社，伯利恒，宾夕法尼亚州，2013，pp. 3-20。

庭音乐收藏的特点。[1] 富裕庄园主的书房中收藏有很多这类歌曲选集。奥斯汀的乐谱就像一扇窗户，我们得以从中窥见形形色色人们的生活，他们中有富裕的商人和庄园主，也有律师、医生、女教师和牧师，还有小乡绅。与更富裕的家庭相比，奥斯汀家虽然在书房规模和音乐收藏上有所不及，但也有很大部分曲目是重叠的。这表明上流阶层的物质享受方式属于更普遍的礼数和品位观念，正是这些观念让富裕程度不等的“贵族和绅士”（这是他们在当时的音乐会通告中的称谓）成为同一个清晰的社会群体。

越富裕的家庭，收藏的乐曲就越多。奥斯汀家的乐谱中自然也有大量的各类乐曲。目前已知奥斯汀家收集的乐曲集有 18 本，内有约 600 首曲子。[2] 虽然所有乐曲都适合家庭演奏，但在格式、乐谱、难度、语言和音区方面差别很大。乐谱内容主要是独唱和二重唱，以及钢琴和竖琴的独奏和二重奏，也有很多可以用其他乐器（特别是笛子和小提琴）伴奏的曲子。一些舞台和歌剧乐曲是用总谱标记的，并未特别标出钢琴伴奏。音乐风格包括篇幅短小的序曲、歌曲、男声合唱、舞曲，篇幅更长的多乐章作品，如钢琴奏鸣曲等等，以及更为复杂的意大利歌剧声乐。虽然在此文中统称为奥斯汀家族音乐“收藏”，但实际上现存的乐曲集当时属于大家庭中的不同成员，而且是在大约 1750—1825 年的很长一段时间内陆续抄写或收集的。

奥斯汀家的收藏中包括装订的乐曲集——单独购买的活页乐

1　珍妮丝 · 布鲁克斯，‘Les collections féminines d’ albums de partitions dans l’ Angleterre audébut du XIXe siècle’，收录于克里斯汀 · 鲍尔曼、瓦莱丽 · 杜福尔（编辑），‘La la la Maistre Henri’ : Mélanges de musicologie offerts à Henri Vanhulst，Brepols 出版社，蒂伦豪特，2009，pp. 351-65；珍妮丝 · 布鲁克斯，“乡间别墅的音乐纪念碑：塔顿庄园的音乐、收藏和展品”（Musical Monuments for the Country House: Music, Collection and Display at Tatton Park），《乐曲与信件》（*Music &Letters*），卷 91，2010，pp. 513-35。

2　数字复印版网址：奥斯汀家族音乐辑，<https://archive.org/details/austenfamilymusicbooks>。以下讨论中将指出使用排架号的书籍，排架号为此数字复印版中所用。另见萨曼莎 · 卡拉斯特，《奥斯汀家族乐曲辑和汉普郡音乐文化，1770-1820 年》（*The Austen Family Music Books and Hampshire Music Culture, 1770-1820*），博士论文，南安普顿大学，2013。

谱编辑在一起，然后装订起来成为个人收藏的歌曲选集——每册装订本有 30 多首曲目。乐稿手抄本也很有特色。买来时是横格空白乐谱，再花几个月甚至几年的时间把乐曲的谱子抄上去。其他乐稿本是把单独的曲目抄写到散页印刷乐稿纸上，再汇集到一起装订的。有几册乐曲集中兼有手抄乐稿和印制乐稿。简·奥斯汀拥有几种不同的乐曲集：她手抄了两本乐谱（图 2.1）；也有装订起来的印刷版乐曲集，里面的乐谱可能是她自己收集的；有一本混杂着印刷曲目和手抄曲目的“剪贴簿”上也有她的所有权标记，可能是她的长辈先开始收集，又传给她的（图 2.2）。她肯定也熟悉其他家庭成员手抄或编辑的乐曲集，比如她的嫂子伊丽莎白·布里奇斯（1791 年嫁给了她哥哥爱德华）和伊莱扎·德·傅伊利德（奥斯汀的表姐，1797 年嫁给了她哥哥亨利）的乐曲集。

这些乐曲集的所有者来自各地，所接触的音乐范围更广，因此也反映出抄写和收集音乐的人在经历、选择和能力上的不同。比如，伊莱扎·德·傅伊利德早年曾在巴黎学习竖琴，这段经历在她抄写的法国竖琴期刊中就有所反映。[1] 伊丽莎白·布里奇斯的父亲是准男爵，幼年上的是一所伦敦的贵族寄宿学校，音乐教育是重要的课程；她的乐谱里有更复杂的琴乐，还有数量极多的意大利歌剧音乐，这在当时是贵族品位的传统象征。[2] 奥斯汀自己的乐谱显示她对一整套各国音乐都很熟悉，这让有些认为她的作品格局只限于乡村一隅的人感到很费解。

1　迪尔德丽·勒·费伊，《简·奥斯汀的“古怪表姐”：伊莱扎·德·傅伊利德生平与信件》(Jane Austen’s ‘Outlandish Cousin’: The Life and Letters of Eliza de Feuillide)，大英图书馆，伦敦，2002；艾德里安·罗斯，“简·奥斯汀的表姐伊莱扎·德·傅伊利德，以及约 1780—1790 年间巴黎的音乐”(Jane Austen’s Cousin, Eliza de Feuillide, and Music in Paris c.1780-90)，《合奏乐队》(*The Consort*)，卷 69，2013，pp. 71-86。

2　伊丽莎白在十八世纪八十年代就读于布卢姆茨伯里的史蒂文顿夫人学校（迪尔德丽·勒·费伊，《简·奥斯汀：家庭记录》(*Jane Austen: A Family Record*)，剑桥大学出版社，剑桥，2004, p. 70). 有关歌剧与精英的联系，参见珍妮弗·豪尔-威特，《时尚行为：伦敦的歌剧和精英文化，1780—1880 年》(*Fashionable Acts: Opera and Elite Culture in London*, 1780-1880)，新英格兰大学出版社，黎巴嫩，新罕布什尔，2007。

Austen 1778.

Contents

Miss Jane Austen

图 2.2
-
奥斯汀家庭“乐曲剪贴簿”：封面内页，上有手稿索引和简·奥斯汀所有权标记。
-
汉普郡简·奥斯汀故居图书馆。图像由南安普顿大学数字化部提供。

这些乐曲集不仅揭示了所有者的个人身份和经济状况，更生动形象地表明了他们之间的关系。有些乐曲集里的曲目跟很多人都有关系。有本乐曲集是许多人用各种不同的乐谱纸抄写的，奥斯汀的笔迹也在其中。这可能是在她死后，姐姐卡桑德拉用音乐保持家人间松散联系的一种方式。伊丽莎白·布里奇斯的一本装订乐曲集中，有首曲目上有“芬奇小姐”的题字，说明这首曲目曾经属于安妮·芬奇。她是伊丽莎白的乐友，肯特郡的芬奇 / 芬奇 - 哈顿家族的成员。[1] 乐曲集上有很多新的注解和签名，这说明家族晚辈会继续使用长辈的乐曲集，并把长辈抄写或购买的曲目装订在自己的集子中。比如，一位家族抄写员——可能是奥斯汀的外甥女范妮·奈特——编写了乐稿索引，可以用于查找几本其他家庭成员收集的乐曲集。埃莉诺·杰克逊是亨利·奥斯汀的第二任妻子。她的乐曲集中的一些曲目前有给她母亲的献词，说明她是先继承了这些曲目，再和她自己的乐曲一起装订成册的。由此可以看出，奥斯汀家的做法与收藏更丰富的家庭是一致的。以圣奥尔本斯历任公爵夫人装订的乐曲集为例，第八任公爵的第一位妻子夏洛特·卡特·塞沃尔死后，他的第二位妻子玛利亚·内尔索普继承了夏洛特购买的曲目，盖上了自己的印章，并装订成册。这几册集子后来又传到了玛利亚儿子的第二任妻子伊丽莎白·古宾斯手上，她也加上了自己的注释和藏书票。女性所继承的乐曲，不仅来自于丈夫的前妻和母亲，也来自未出嫁或丧偶的女性亲属：简·奥斯汀乐谱由她的姐姐所继承，随后又作为礼物送给了外甥女范妮，范妮可能将乐谱带到了奈特家。无独有偶，德文郡 Killerton 庄园第 11 世准男爵托马斯·戴克·阿克兰的夫人玛丽·厄斯金分别从她的婆婆、终身未嫁的姨妈和小姑子那

1　在 1796 年 9 月 5 日给姐姐卡桑德拉的信中（信件编号 5），简·奥斯汀描述了一场与布里奇斯家一起举办的非正式舞会，安妮·芬奇为舞会伴奏。

Beviamo tutti tre
Beviamo tutti tre

Anne
Jon

图 2.3
-
詹姆斯·吉尔雷，1798 年，讽刺漫画，《乡村音乐会》或《晚间娱乐》。
-
牛津，博德利图书馆，约翰·约翰逊藏品，音乐会票据夹 2（52）。

儿继承过乐曲。[1] 很多乐曲集上有好几代女性的标记。

这清楚地表明，当时人们认为乐曲是适合女性继承的财产。不过总体来讲，这是由占主导地位的男性建立并组织的一种制度，通过音乐收藏来保持彼此之间的物质联系。

相互交叠的实物痕迹，不禁让我们想见一个由亲朋好友组成的巨大社交圈，人们以乐交友，寻觅知音。简·奥斯汀很早就进入了这个圈子。作曲是十八世纪的人们很看重的才能，品位高雅的组曲也是精英女性的心头所好。当时反对这种看法的学者通常认为作曲纯属玩物丧志，最多不过是一种锦上添花的才能（图 2.3）。[2] 这种负面评价在现代附议者甚众，他们将音乐才能的培养视为一种约束，[3] 经常把女性的音乐品位当成她们在婚恋市场上抬高身价、凸显卓越的资本。姐妹和朋友之间互相比拼音乐才气，希望钓得金龟。固然，音乐的确可以用于攀比和竞争——在《傲慢与偏见》中，奥斯汀用凯洛琳·宾利的故作高雅来衬托伊丽莎白·班内特的娴雅从容——但作为一种社会行为，音乐的作用远不止吸引异性这么狭隘。

通过抄写和收集乐谱，女性之间形成并保持了一种联系，对彼此的音乐造诣心知肚明却又心照不宣。

以乐会友，也能找到像姐妹和朋友一样的忘年之交。年长女性通常用她们自己乐稿集里的空白页来教导子女。奥斯汀的乐曲集中，有两本是在十八世纪五十年代中期由她母亲的亲戚

1 有关圣奥尔本斯和 Killerton 的收藏，参见布鲁克斯，‘Les collections féminines’。

2 有关教育性辩论中的音乐，参见莱斯利·里奇，《十八世纪晚期英国女性作曲：文学与演奏中的社会和谐》（*Women Writing Music in Late Eighteenth-Century England: Social Harmony in Literature and Performance*），Ashgate 出版社，奥尔德肖特，2008，pp. 36-56。

3 例见理查德·莱珀特，《音乐与图像：十八世纪英国家庭生活、意识形态和社会 - 文化结构》（*Music and Image: Domesticity, Ideology and Socio-Cultural Formation in Eighteenth- Century England*），剑桥大学出版社，剑桥，1988，pp. 28-50. 有关现代学术界将十八世纪家庭生活描述为如陷囹圄的倾向，参见阿曼达·维克里，《紧闭的门后：乔治王时代英国家庭生活》（*Behind Closed Doors: At Home in Georgian England*），耶鲁大学出版社，纽黑文，康涅狄格州，2009，p. 3。

安·考利太太抄写的。[1] 可能在 1783 年 3 月的时候，简和卡桑德拉两姐妹和她们的表姐简·库珀——当时分别是 7 岁、10 岁和 12 岁——被送到牛津，由考利太太教导。考利太太 1777 年丧偶，无儿无女，可能就是从那时开始收学生的。考利太太显然是用她的旧乐谱抄写本来教授音乐的，上面记录着十八世纪八十年代初上课、付款和大键琴调音的日期。两本乐曲集中都有几页上写的是作曲练习谱。有些完成得相当不错，像是用笔已很娴熟的孩子写的。

而其他一些则更显幼稚——可能是 7 岁的简写的——乐理不通，字迹潦草，谱线歪歪扭扭，还有多处墨渍，这些都表明奥斯汀那时无论写什么都缺乏经验（图 2.4）。

在学习演奏的同时，她也渐渐会作曲了。1785—1786 年间，奥斯汀在雷丁修道院学校学习，学校有音乐课，她有可能继续在那里接受音乐教育；但那时她家里还没有钢琴。1786 年圣诞期间，伊莱扎·德·傅伊利德去奥斯汀家在史蒂文顿的教区牧师住所探望，那时他们借了一架钢琴：奥斯汀夫人在一封信上写道，伊莱扎每天都为她们一家弹奏钢琴。[2] 可能正是这位法国表姐树立了榜样，受到鼓舞的奥斯汀也开启了自己的音乐之旅。之后的几年中，伊莱扎经常去史蒂文顿探望她们，可能每次都对奥斯汀进行了指导。奥斯汀家专门为简买了一架钢琴——在信件和回忆录中都说不是全家共用的，而是她专用的。到十八世纪九十年代中期时，给她上音乐课的是乔治·查德，温彻斯特座堂的副风琴手。[3] 1795 年，家里把楼上的一间卧室改造成客厅，给简和卡桑

1 詹金斯的签名极具特色，CHWJA/19/1 主要是同一位书吏抄写的。有关考利太太，参见伊丽莎白·博德曼，“考利太太和布雷齐诺斯学院”（Mrs Cawley and Brasenose College），《简·奥斯汀学会 2001-2005 年报告合辑》（*Collected Reports of the Jane Austen Society 2001-2005*），简·奥斯汀学会，温彻斯特，2005，pp. 201-8。

2 迪尔德丽·勒·费伊，《简·奥斯汀：家庭记录》，剑桥大学出版社，剑桥，2004，p. 57。

3 奥斯汀的外甥女安娜·勒弗罗伊想起一位音乐大师来到史蒂文顿（奥斯汀 - 利，《回忆录》，编辑：萨瑟兰，p. 183）。奥斯汀在 1796 年 9 月 1 日的信中提到了查德（信件编号 4）。

图 2.4
-
乐稿纸上的孩童笔迹，最初由安·考利抄写。理查德·詹金斯。
-
图像由南安普顿大学数字化部提供。

德拉用，简的加纳牌方形钢琴就放在这里；她们把这个房间叫化妆间。1798 年 12 月 1 日，奥斯汀给姐姐写信时说（信件编号 13），她感觉在楼上比在客厅“更优雅”。[1] 这种半私密的女性空间经常是作曲、阅读和写信的场所：在《苏珊夫人》（信件编号 17）中，把“小钢琴”搬到了化妆室里，好让弗雷德里卡能够每天练琴——这是她回避弗农夫人的计策；在《傲慢与偏见》（第 55 章）中，玛丽·班内特经常到楼上的钢琴房里躲清静，就像她

1　有关化妆室，参见迪尔德丽·勒·费伊，《简·奥斯汀：奥斯汀小说的世界》（*Jane Austen: The World of Her Novels*），弗朗西斯·林肯出版社，伦敦，2002，p. 140。

图 2.5

-

奥斯汀的钢琴乐稿本，上有出版商的镌刻标题页和手稿题词。

-

汉普郡简·奥斯汀故居图书馆。图像由南安普顿大学数字化部提供。

父亲到书房里躲清静一样。[1]

大概在这段时间，简·奥斯汀开始同时抄写两本乐谱，一本是键盘乐器的，一本是声乐的。两本都是长方形对开本手抄乐谱本，由十八世纪末伦敦出版商生产。

乐谱本上的印刷曲目年代是约 1790 年之后，这表明奥斯汀的抄写工作大概是从十八世纪九十年代初期到中期之间开始的。1799 年 1 月 8 日，奥斯汀给嫂子伊丽莎白·布里奇斯写过一封信（信件编号 17），虽然主要是在调侃打趣，但也可以看出她那时

1　参见皮埃尔·杜布瓦，《乔治王时代小说中的音乐》（*Music in the Georgian Novel*），剑桥大学出版社，剑桥，2015，p. 276。

图 2.6

-

简·奥斯汀键盘乐稿本中的抄本，让-巴蒂斯特·勒穆瓦纳的歌剧《Les Prétendus》的序曲（1789年），Pierre Dufeille 改编，又名 Blattman。

-

汉普郡简·奥斯汀故居图书馆。图像由南安普顿大学数字化部提供。

花了大量时间抄写乐谱。奥斯汀的抄写本和同时代人的手抄乐谱本很相似，比如 Sledmere 的伊丽莎白·赛克斯在 1796 到 1801 年间抄写的乐谱本，以及塔顿庄园的玛丽·艾格顿的手抄本。[1] 人们可能从流动图书馆借印刷的活页乐谱来抄，不过——可能更常见的是——借亲友的乐稿抄。通过这种方式，更多的乐手有机会接触到活页乐谱：家里若有一个人买了印制乐谱，其他人就可以抄到手稿本上。这可能表明抄乐谱的人相对拮据，也可能是在外地买不到印制乐谱，或者两种原因都有。

但即便是既不缺钱也能买到印制乐谱，交换乐稿也能建立或

1 布鲁克斯，“音乐纪念碑”（Musical Monuments），pp. 517-19。

者加强社会联系：十九世纪初期，年轻女性们交换乐稿，就像今天的年轻人交换下载的乐曲一样。手抄乐谱本和活页乐谱合辑的作用类似于录音时代人们保存在磁带、CD 或媒体播放器中的音乐收藏。那时空白乐稿手抄本是送给年轻女性的流行礼物，奥斯汀的两本手抄本里也至少有一本是别人送给她的。CHWJA/19/2 就是个典型的例子。

扉页上刻有小天使，手持波浪形标签，上面写着“少年乐曲和课程”，下面是一行小字“初学者练习用”（图 2.5）。小字是奥斯汀的笔迹，主要的题词似乎是其他人写的，可能是伊莱扎·德·傅伊利德。不管乐谱本是不是伊莱扎送给奥斯汀的礼物，里面的一部分内容都是从她那里抄写的：比如，让 - 巴蒂斯特·勒穆瓦纳的歌剧《Les Prétendus》的序曲，就是奥斯汀对照原属于伊莱扎的竖琴改编曲谱准确照抄的（图 2.6、图 2.7）。

在士绅女性中，这种互相分享和抄写乐谱的互动是很普遍的。比如，伊丽莎白·赛克斯 1801 年的乐稿辑中，就有几首曲目是玛丽·艾格顿抄给她的。两年之后，伊丽莎白成了玛丽的嫂子。到十九世纪二十年代时，女孩们会在获赠或手抄的活页乐谱或曲目上写下日期和赠予者的名字，这种做法已经愈发普遍了。塔顿庄园的另一本乐曲集，可能是伊丽莎白·赛克斯的女儿夏洛特的，里面既有印制活页乐谱，也有标明赠予者名字的手抄乐稿。很多女孩都有交流专用的乐稿辑：伊丽莎白·盖斯凯尔有本 1825 年的乐稿本，是她在 Avonbank 上学时抄写的。里面几十首曲目上都标有把曲目借给她抄写的同学的姓名。[1] 互抄乐谱也是一种通过物质交流进行的情感沟通。1814 年 11 月，范妮·奈特对一桩求婚犹豫不决，急于得到舅妈奥斯汀的建议，又不想让其他家人知道，于是就把她的信——可能求婚者的信也在里面——

1 曼彻斯特，中央图书馆，MS f 823.894C1。

146 Feuille de Terpsichore, Prix 1.tt 4.s A Paris Chez Cousineau rue des Poul
Ouverture des Prétendus. Musique de M. Le Moine.
Allegro. Arrangée par M. Blattman avec accomp.t de Violon.
5e Année
N.o 37.
Harpe
F
P
Rinf
Cresc
FF

图 2.7

-

伊莱扎·德·傅伊利德的乐曲集中收集的竖琴曲，来自巴黎期刊出版物。让 - 巴蒂斯特·勒穆瓦纳的歌剧《Les Prétendus》的序曲（1789年），Pierre Dufeille 改编为竖琴曲，又名 Blattman；Feuilles de Terpsichore 出版，5e année，No.37（1789年 7 月），理查德·詹金。

夹在乐谱里送给奥斯汀。[1] 在《爱玛》（第 7 章）中，罗伯特·马丁给哈丽叶·史密斯送的求爱信也如出一辙：他姐姐伊丽莎白从哈丽叶那里借来了乐谱，这位年轻的农夫于是把他的求婚信夹在了里面。

在《爱玛》中，相比于哈丽叶收集猜字游戏和谜语合辑的行为，乐谱交换的作用并不大。但两种活动都和广义的家庭女性手工文化有关。哈丽叶从朋友和熟人那里收集谜题并自己编书的方式，和其他女性收集乐谱的方式毫无二致；她“妙手生花”，用各种图案和花押字点缀自己的书页（第 7 章）。很多女性会在手稿乐曲集中写上华丽的文字，还有装饰性的标题和粗体正楷字，好让她们的作品更美观。卡洛琳·奥斯汀评论道，她的姑姑简的手稿乐谱本抄写得“那么整洁准确，简直就像印制乐谱一样易读”；她认为这种工整的风格与奥斯汀精美的刺绣、漂亮的书法和信件中优美的文笔密不可分。[2] 奥斯汀抄乐谱的技巧与十八世纪九十年代她的其他手艺都有关系；比如，她把少年作品手稿，包括《英国史》在内，编辑到一起，并配上卡桑德拉画的水彩肖像。一些同时代人也在乐曲集中画有插画，这是另一种才艺：奥斯汀的一本集子中，在一首奏鸣曲乐章的开头处画了一位女性头像速写，在封底内页上画了匹马（图 2.8）。当时的纸张中破布含量很高，质量很差，因此一手好的针线活儿对乐谱也很重要：奥斯汀家的剪贴簿中有一首温彻斯特公学校歌《甜蜜的家》，歌谱残破不堪，中间撕了一道缝，但是被早先的使用者整齐地缝好了（图 2.9）。

因为是手工制作的缘故，早期的拥有者都很珍视乐稿抄本。乐曲集的装饰都由女性亲手制作，倾注了自己的情感，因此交换

1 在她的回应中，奥斯汀祝贺范妮妙计成功：“送乐谱是条妙计，事情好办多了。换成我也想不到包裹还能干别的；虽然令尊特意四处寻找，最后看到我独自待在客厅，但你姑姑 C. 看到他确实有个包裹要寄——即便如此，我也觉得没露馅。”（1814 年 11 月 18 日，信件编号 109）

2 奥斯汀 - 利，《回忆录》，编辑：萨瑟兰，p. 171。

乐谱也是种情感交流。在手抄乐稿时，她们也在字迹里留下了自己的物质痕迹。十八世纪后期，印制乐谱数量猛增。乐稿开始有了新的含义，其中的情感联系更为紧密。奥斯汀和她的家人对手稿的珍视，不仅反映在对她少年作品的小心保管上，也体现在对她的两本乐谱抄本的保护上。即使她的钢琴和其他乐谱都已在1801年售出，那两本乐谱还都留着。[1] 活页乐谱手稿也是一样，奥斯汀家的后人把这些乐稿装订起来，妥善保管，可能既是为

1　史蒂文顿教士寓所的 Reading Mercury 特卖广告中包括“带精美外罩的钢琴（加纳牌），还有最著名的作曲家们的乐曲集”。参见 <http://www.victoriacountyhistory. ac.uk/explore/sites/explore/files/explore_assets/2013/03/09/steventon_parsonage_sale_transcript.pdf>.

图 2.8

-

佚名键盘奏鸣曲谱页边插画，收于奥斯汀家族不同成员抄写的装订乐曲集，简·奥斯汀抄本也在其中。理查德·詹金斯。

-

图像由南安普顿大学数字化部提供。

了纪念她作曲、抄乐谱的行为，也是为了整理乐谱给家族后人使用。在早期家庭乐曲手稿的拥有者眼中，手稿并不是多贵重的东西，但这些手稿现在却极为重要。手稿是已有印刷稿的抄本，并不是作曲家的草稿。用传统的学术眼光看，并不算作曲家的重要手稿；作为乐曲流传的证明，又不完全符合印制乐谱越来越普遍的认知。就像家庭作曲行为本身一样，手抄乐曲集的制作很容易就会陷入何为才艺何为小技的争论；如此一来，闺中女性加工音乐素材的手艺就变得两头不靠，“既不实用，又不艺术”，乐曲集当时既不属于女性手工艺品，也不算装饰艺术。[1]

如果手抄乐稿可以被看作与家庭手工业文化有关的话，印制乐谱则更多地被当作一种商品。[2] 十八世纪末，印制乐谱交易量猛增，商家采取了新的营销策略，主攻女性买家。因此人们很容易把女性购买乐谱的行为斥为一种女性消费文化，就像购买扇子、丝带和帽子一样，并非出于审美，只是盲从时尚。因此在人们看来，女人们购买、装订乐谱，并非理智的收藏事业，只是肤浅的收集行为。这种行为与男性购买、收藏书籍的历史根本不能相提并论。然而，学界近期对于十八世纪的性别和物质文化的研究显示，女性的购买习惯及其意义有着更复杂的情况。[3] 所有消费行为（包括男性收藏书籍和艺术品的行为）都有着社会和人际层面的意义，女性购买商品也不只是为了装饰那么简单。如果能认识到这一点，就能对收集印制乐谱的意义有更微妙的理解。

虽然外地买家可以从当地的音乐商店买到乐谱，但伦敦才是

1 阿曼达·维克里，《紧闭的门后：乔治时代英国家庭生活》，耶鲁大学出版社，纽黑文，康涅狄格州，2009，p. 231。

2 詹姆斯·戴维斯，“茱莉叶的礼物：1830 年左右乐谱的社会生活”（Julia's Gift: The Social Life of Scores, c.1830），《皇家音乐学会期刊》，卷 131，2006，pp. 287-309。

3 约翰·斯泰尔斯、阿曼达·维克里（编辑），《1700-1830 年间英国和北美的性别、品位及物质文化》（*Gender, Taste, and Material Culture in Britain and North America*, 1700-1830），耶鲁大学出版社，纽黑文，康涅狄格州、伦敦，2006，pp. 12-13。

DOMUM.

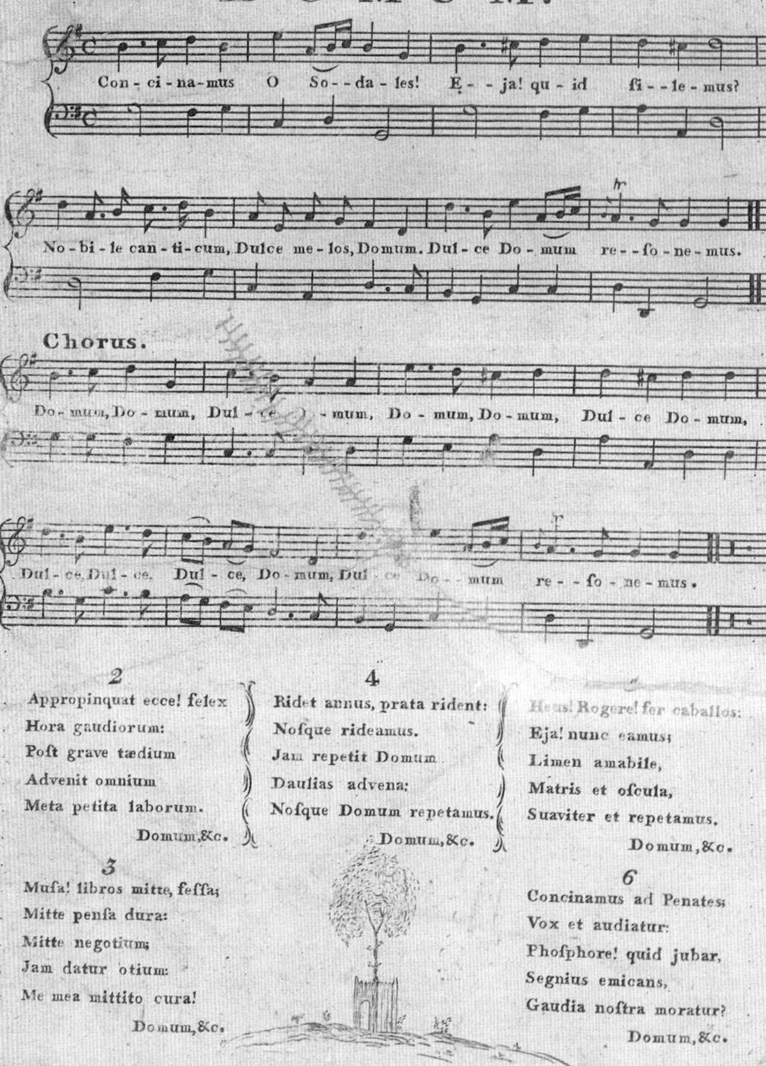

2

Appropinquat ecce! felex
Hora gaudiorum:
Poſt grave tædium
Advenit omnium
Meta petita laborum.
Domum, &c.

3

Muſa! libros mitte, feſſa;
Mitte penſa dura:
Mitte negotium;
Jam datur otium:
Me mea mittito cura!
Domum, &c.

4

Ridet annus, prata rident:
Noſque rideamus.
Jam repetit Domum
Daulias advena:
Noſque Domum repetamus.
Domum, &c.

5

Heus! Rogere! fer caballos:
Eja! nunc eamus;
Limen amabile,
Matris et oſcula,
Suaviter et repetamus.
Domum, &c.

6

Concinamus ad Penates;
Vox et audiatur:
Phoſphore! quid jubar,
Segnius emicans,
Gaudia noſtra moratur?
Domum, &c.

图 2.9

-

“剪贴簿”合集中的温彻斯特公学校歌《甜蜜的家》，上有缝合痕迹。汉普郡简·奥斯汀故居图书馆。

-

图像由南安普顿大学数字化部提供。

音乐出版业的中心，特别是声乐，一般只有在伦敦的娱乐公园、音乐会和演出上才听得到。奥斯汀家收集的乐谱大部分是由当时的几大音乐出版商印制的——布兰德、普莱斯顿、戴尔、伯查尔，等等——它们的店面都开在时尚购物街上。当时，逛街购物是一种体面的社交方式，而买家们逛街时总能在这些音乐商店里买到最新的乐谱。[1] 在 1813 年 9 月 16 日给卡桑德拉的信（信件编号 88）中，简·奥斯汀描述了一天的购物成果：在玮致活买了一套餐具，在莱斯特广场周围的其他商店里买了花边、长筒袜和网纱，在新庞德街的罗伯特·伯查尔音乐店里买了乐谱，其中包括家族友人玛莎·劳埃德托她购买的一套乐曲。这种委托亲友帮助购物的“代购”行为在当时是种重要的“社会黏合剂”。[2] 有些乐谱上还有折痕，有些在外侧空白封面上写有地址，说明这些乐谱是城里的亲友寄给外地的演奏者的。埃莉诺·杰克逊的歌曲本中，就有几张乐谱上带有折痕或写有地址，说明是通过邮寄收到的。在 1817 年 2 月 21 日的信（信件编号 151）中，简·奥斯汀感谢范妮·奈特替她买了一套四对方舞曲谱。

买家购买时经常在乐谱上写上名字，有时还写上日期：伊丽莎白·布里奇斯出嫁前买的乐谱就是这样。十八世纪九十年代时，开始流行带曲作者或出版商签名的乐谱复制本，买家认为签名代表着音乐内容的真实性和准确性。埃莉诺·杰克逊的歌曲本中，带签名的乐谱极多，整本歌本看起来就像签名集。就像活页乐谱消费的其他方面一样，音乐出版商很快开始利用这股潮流，在扉页印上作者签名。通过模仿手写签名，暗示买家能拥有“小圈子”内的人际关系，并从中牟利。

1　有关地址，参见查尔斯·汉弗莱斯、威廉·C. 史密斯，《英伦三岛音乐出版业：从开端到十九世纪中叶》(*Music Publishing in the British Isles from the Beginning Until the Middle of the Nineteenth Century*)，第二版，布莱克威尔出版公司，牛津，1970。

2　克莱尔·沃尔什，“十八世纪英国的商店、购物和决策艺术”(Shops, Shopping, and the Art of Decision Making in Eighteenth-Century England)，收录于约翰·斯泰尔斯、阿曼达·维克里（编辑），《1700—1830 年间英国和北美的性别、品位及物质文化》，pp. 151-77。

图 2.10
-
简·奥斯汀的抒情曲和苏格兰歌曲印制乐谱集封面。汉普郡简·奥斯汀故居图书馆。
-
图片由南安普顿大学数字化部提供。

有人买完活页乐谱后会很快装订，有人则不然。但通常人们会在购买后一到五年内将乐曲装订成册。1790 年之前的乐谱收藏，装订风格各异，数量、印刷质量和排版也各有不同。比如，几乎不存在标准化的乐曲格式。有些是总谱，或带键盘伴奏；或带数字低音或发音标注；有些在右侧有声乐配词，或是把声乐曲调印在单独的五线谱上。奥斯汀家的有些乐曲集，风格就是这样五花八门，装订方式也比较简单。从十八世纪九十年代起，人们购买的乐谱式样渐趋统一，牛犊皮装订成对开本乐曲集，封面采用大理石花纹纸。书脊一般用素压印或手工无色凹凸印，有些封面带有烫金皮革标志，写主人姓名或内容简介。比如，伊丽莎白·布里奇斯的键盘音乐乐谱集的正面是意大利文标签“Cembalo（羽管键琴）”，简·奥斯汀的一本声乐乐谱集的标签是“歌曲”（图 2.10）。随着装订式样渐趋一致，乐谱印刷商的产品也更精致，更容易编辑——尺寸更统一、刻印更雅致、扉页更精美——相比于早期参差不齐的活页乐谱，此时的乐曲集更为美观。

一旦买入，活页乐谱就进入了买家的演奏曲库，至少在装订入册前会被反复演奏。装订后的演奏频率尚不得而知。有些人的收藏方式，是把不再使用的活页乐谱装订起来。这些乐谱集装订得又厚又紧，没法放在乐谱架或键盘乐器的台面上，也没有为每首曲目标注索引或页码。这种情况下，装订起来的活页乐谱似乎不会再用作演奏曲目，其社会意义也大不如前。另一些人会为装订好的乐曲集添加手稿注释，比如连续页码或目录，这样就能更快找到每首曲目。奥斯汀收藏的乐曲集大多数都是后一种：索引完善，页码连续，厚度适中，放在乐器上也不显笨重，说明这些装订好的曲目也仍然会用于演奏。

为乐曲集编辑索引、添加页码的过程也是个性化的过程。从曲目选择开始，到为每首曲目添加注释，再到内容排列方式和装订式样的选择，都是个性的体现。通过这些个性化的元素，装订

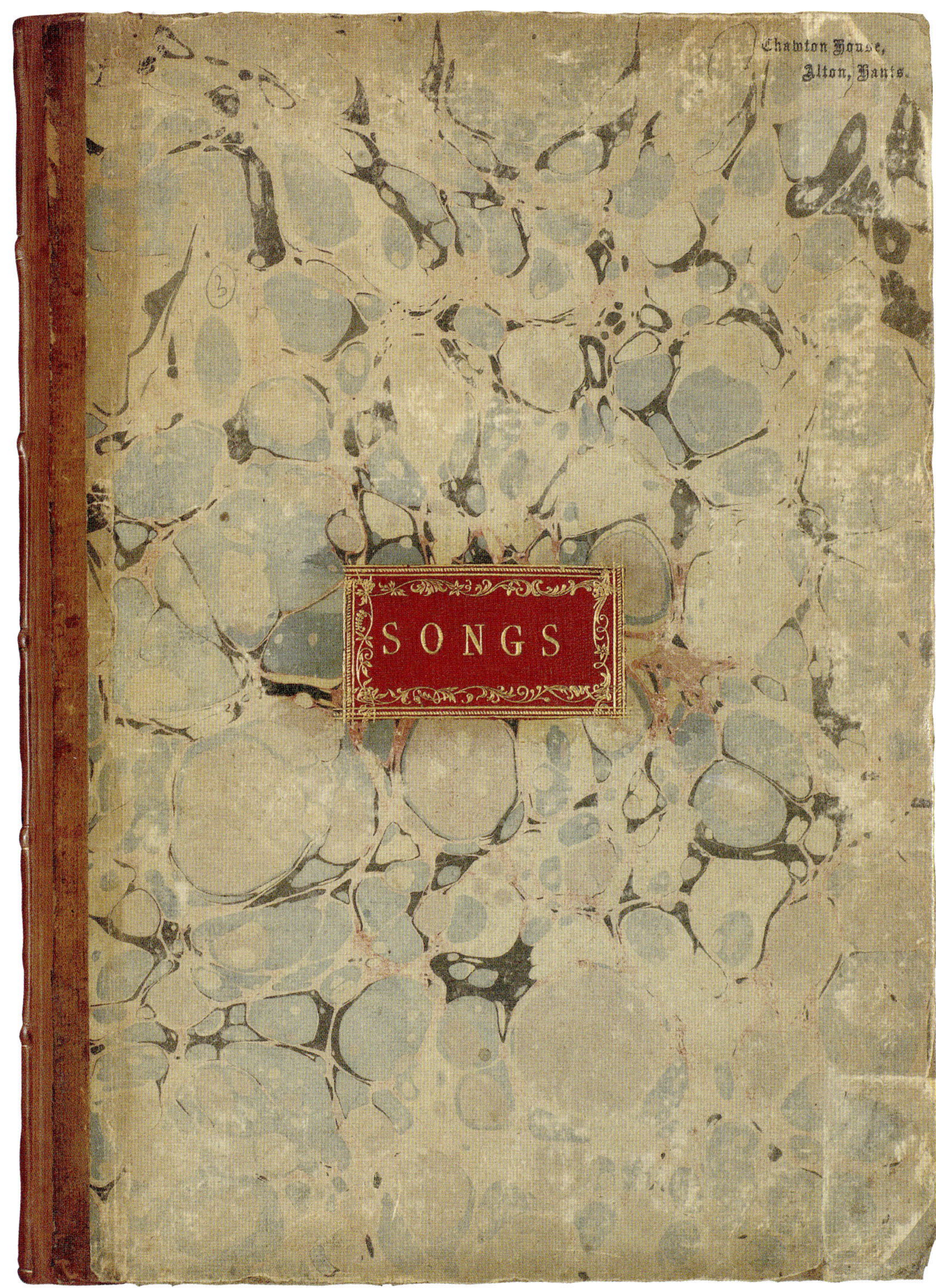
Chawton House,
Alton, Hants.
SONGS

乐谱集和乐稿手抄本结合在了一起。这说明，虽然表面上看，用印制活页乐谱装订的个性化乐谱本不同于用手抄乐谱装订的个人乐谱收藏集，但实质区别并不大。有些乐曲集里的曲目是从不同的活页乐稿纸上抄下来的（而不是一起抄到事先装好的乐稿簿上）；有些乐曲集里既有手抄乐稿，也有印制乐谱，这些都是明显的例子。奥斯汀的“剪贴簿”是一个绝佳的例子，在这本乐曲集的近 30 首印制曲目中，夹杂着 20 首手抄乐谱。

剪贴簿采用风琴褶装订，不同于将乐谱纸装订在书脊中的标准方法，这种方法把纸粘在风琴褶内，能够自由增减曲目。单首曲目上的不同日期显示，从约 1775 年到约 1810 年，剪贴簿的内容一直在不断增加。

这本乐谱集的手稿索引似乎是奥斯汀自己编辑的；她在扉页上签了名，并从插在旧的印制乐谱之间的抄本上抄了一些曲目，那些旧的乐谱可能是由某位长辈开始编辑成册的。刚成册时，这本乐曲集可能是传统的装订册，但之后的使用方式很灵活，更像本剪贴簿或乐稿杂录。[1]

人们不把编辑乐稿集当作精神生活的一部分，是由于贵族家庭内部的音乐传播具有以下几个特点：才艺还被看作是雕虫小技；女性家庭手工文化受到轻视；国内市场上的活页乐谱被视为商品，毫无艺术价值。然而更为细致的研究表明，有些行为与乐曲集的制作存在诸多联系，比如各种寻常的做法、乐稿杂录的编辑，以及其他各种写作和收集文字的行为，这些都是乔治王时代典型的文学文化活动。[2] 学界强调了这些行为对于文字的阅读、写作和传播的重要性，虽然对女性尤其重要，但对男性也有

1 罗伯特·K. 华莱士，“被忽视的简·奥斯汀的歌曲辑”（Jane Austen's Neglected Song Book），《简·奥斯汀学会 1976—1985 年报告合辑》（Collected Reports of the Jane Austen Society 1976-1985），简·奥斯汀学会，切本哈姆，pp. 121-5。

2 参见坎迪斯·贝利，“普通乐曲装订册：南北战争前南方的文化符码传播”（Binder's Volumes as Musical Commonplace Books: The Transmission of Cultural Codes in the Antebellum South），美国音乐研究会期刊，卷 10，No.4。

影响；近期关于手稿文化的研究也表明，尽管这些活动的意义在印刷时代已逐渐改变，但却有着持久性。[1] 就像收集寻常书籍一样，人们在编辑乐谱时，能够选择自己喜好的曲目和风格，并通过乐谱的摆放、并置和注释来发表评论；抄写员在抄写印制乐谱时，也能获得乐谱、曲式和音乐风格的专业知识。由于歌词的关系，声乐更可能与各种文本具有广泛而深入的联系。英语和其他语言的诗歌通过乐曲得到了传播。[2]

奥斯汀笔下的角色很少购买或抄写乐谱，也未见抄写诗歌或注解书籍，尽管这些行为都与朗读和讨论文章有密切的联系。而朗读和讨论文章，恰是奥斯汀小说中的典型场景。小说中精通音乐的角色很多，如《爱玛》中的简·费尔法克斯和弗兰克·丘吉尔、《理智与情感》中的玛丽安·达什伍德和约翰·韦勒比、《曼斯菲尔德庄园》中的玛丽·克劳福德、《劝导》中的安妮·艾略特，还有几乎所有《傲慢与偏见》中的角色。正如奥斯汀本人一样，他们所展示出的音乐知识必定也是通过具体的音乐素材获得的。奥斯汀小说中，文化人之间的对话——如伊丽莎白·班内特与菲兹威廉·达西，或安妮·艾略特与哈维尔上校的对话——经常涉及音乐和书籍。这类乐曲集既是简·奥斯汀和家人的收藏，也是她们进行物品和思想交流的重要载体。对奥斯汀来说，这种交流也是她的人际社交和小说焦点的基础。

1 例见玛格丽特·J.M. 埃泽尔，《社会作者及印刷的出现》(*Social Authorship and the Advent of Print*)，约翰·霍普金斯大学出版社，巴尔的摩，马里兰州，1999；大卫·阿伦，《乔治王时代英国普通书籍和阅读》(*Commonplace Books and Reading in Georgian England*)，剑桥大学出版社，剑桥，2010。

2 珍妮丝·布鲁克斯，“寻找奥斯汀‘丢失的歌曲’”(In Search of Austen's "Missing Songs")，《英语研究评论》(*Review of English Studies*)，未作说明，卷 67,2016，pp. 914-45。

3　阔领大衣背后的时尚世界

希拉里·戴维德森

大约在1813年，奥斯汀有了件阔领大衣。肯定不会是在1812年之前，可能是在1814年。阔领大衣是种开襟女式长服。十八世纪九十年代，女性笨重的裙衬逐渐演变为修身的长服，阔领大衣也流行起来。这件大衣用贵重的丝绸制成，印有橡树落叶图案，白色丝绸衬里，饰有细丝绳（图3.1）。这件大衣她只穿了三四年，之后1817年她就离世了。作为深受家人爱戴的奥斯汀的遗物，这件几乎崭新的大衣在家族内部多位成员之间流转，最终于1993年保存在汉普郡博物馆档案室。时隔多年，奥斯汀是否是这件大衣的原主人，已经没人能记清；但此时奥斯汀已名满天下，哪怕只是存在这种可能性，家族后人也自然将这件大衣当成了重要的遗物。今天人们所知的奥斯汀“遗物”大都是珠宝首饰：绿松石戒指、手镯、黄玉十字架、平纹细布披肩，等等。[1]衣物则非此类。衣物包裹身体，凸显体形。十九世纪初时，大规模成衣制造和缝纫机还未出现，衣服都是贴身剪裁的。服装彰显了一个时代的风格和消费文化，展示出人们如何通过穿衣来体现自己的品位和人生境况。服装也像模板一样，透露了主人的大致

1　全部藏品都来自汉普郡乔顿的简·奥斯汀故居图书馆。

身形。这件阔领大衣是唯一与奥斯汀有密切联系的服装。笔者将借此探索摄政王时期的服装生产和时尚消费，展示它们在简·奥斯汀眼中的本来面目，并发掘其对奥斯汀小说世界的影响。

十九世纪头十年中，女性是怎样获得新衣的呢？这是件麻烦事，奥斯汀早在 1798 年 12 月 24 日就抱怨过："我的新裙服不知该怎么弄才好；这种衣服要是能有成衣卖就好了。"（信件编号 15）女性在家中制作自己的小件亚麻衣物，如软帽、直筒连衣裙等，也为家族中的男性做衬衫。大户人家可能会请女缝匠上门工作几天或一周，一次性大量制作这类必备衣物。摄政王时期，女性的贴身衣物就是这种亚麻内衣。直筒连衣裙外再套束身衣（一种胸衣）。相比于十八世纪那种一体式紧身胸衣，束身衣虽然更加柔软、骨撑更少，也更合身，但它还是需要使用或长或短的撑条来起到修身的作用。这种束身衣通常由专业的男性裁缝制作，不过贵族女性并不是经常购买。[1] 束身衣外再套衬裙。衬裙并不是完全的内衣，有时从外面也能看到。衬裙有各种档次。基础的是白色亚麻，稍好的会有棉布内衬，还有质地精良、色彩鲜艳的裙子，专为了露出来穿。裙服太破旧不能外穿时，也能物尽其用，当衬裙穿。

简·奥斯汀在前一封信（1798 年 12 月 24 日）中还向姐姐卡桑德拉透露："我再也受不了因为那件粗糙的斑点 [平纹细布披肩] 受到的诬蔑了，

1　参见林恩·佐尔格 - 英国，《伦敦的束身衣和身体形象：束身衣制造业，1680-1810 年》（*Stays and Body Image in London: The Staymaking Trade*），Pickering & Chatto 出版社，伦敦，2011，查看更多有关束身衣制作行业的细节。

图 3.1

-

简·奥斯汀的阔领大衣：前后视图。汉普郡理事会。由汉普郡文化信托基金会提供。

我要马上把它改成衬裙。”在《傲慢与偏见》中（第 8 章），伊丽莎白·贝内特的衬裙“糊上了有足足六英寸泥”，就是因为把质量好的外裙折起来，露出衬裙的结果。在冬天或者潮湿的天气，羊毛法兰绒衬裙尽管不那么漂亮，却是御寒必备。

原因是很明显的。在奥斯汀的时代，外穿衣物才是让女性们费尽心思准备的。女性的主要服装是连衣裙，通常叫裙服，再配上各种外衣，从高腰短外套夹克，到标配的阔领大衣、软帽和斗篷，搭配千变万化（图 3.2a、图 3.2b）。要做裙服，先得买布料。十八世纪时，把要做成裙服的布料也叫作裙服。

奥斯汀在 1813 年 5 月 20 日的信中说得很清楚：“我要趁这个机会给我妈做件裙服——；到下午 3 点时，她就会得到一块 7 码的黑色薄绸料子。”（信件编号 84）服装及其布料用的是同一个词。但是这些服装和布料是在哪里买的，怎样买的呢？村庄和小镇里都有专门卖纺织品的商店。《爱玛》中，海伯里必不可少的福特商店就属此类。

“福特商店是家兼营毛、麻织品和缝纫用品的大商店，在规模和时髦方面都是本地第一流的（第 21 章）。”奥斯汀和家人也在汉普郡的奥尔顿、贝辛斯托克和南安普顿等地购买纺织品。但是大手笔采购还是会尽量去伦敦这种大都市，或稍小的巴斯。制作这件阔领大衣的绸子就属于大手笔。这是一块斜纹提花薄绸，棕色打底，上绣淡金色橡树落叶

图 3.2a：
-
鲁道夫·阿克曼陈列馆里的时装图样，毛领阔领女大衣，1811 年 11 月。维基共享资源。

图 3.2b
-
La Belle Assemblée 中的时装图样，1814 年 4 月。
-
牛津大学博德利图书馆，Per。2474 d.188, p.181 之前。

图案。鉴于奥斯汀买这块绸布时英法正在交战，禁止进口法国商品，这块绸布极有可能是在英国织成的。虽然正宗印度平纹细布也很昂贵，但几百年间，丝绸作为“纺织品之皇”，始终是最上等奢华的时装布料。织法越复杂，越耗人工的绸布，价格也就越高。像薄绸这种装饰绸布，对于奥斯汀来说必定价格不菲。这块绸布很可能购于 1812 年底，但很不巧，当时奥斯汀写过的信，只有一封保存至今，因此现有记录无法证明这块绸布是她买的。

尽管如此，研究同时代妇女的账本可以发现，这种纺织品可能是很昂贵的。芭芭拉·约翰逊（1738—1825）巨细无遗地记录了她一生中购买的每一匹衣服套布，并在一本巨大的账簿中夹入了衣料的样布。这份珍奇的记录现收藏于维多利亚和阿尔伯特博物馆。芭芭拉在十九世纪初买了不少平纹、斜纹和提花薄绸。1809 年买的一块在颜色、织法和设计上都很接近奥斯汀那件阔领大衣的绸子。一码绸布要 9 先令（图 3.3）。巴斯时装博物馆中有一件 1807 年的阔领大衣，用了一块比例相仿的薄绸，也是小叶图案。[1] 我做了一件奥斯汀阔领大衣的高仿品，用了足有 7.5 码绸料。[2] 丝织品要比棉布、亚麻和毛料窄得多，宽度从半码（18 英寸）到约 22 英寸不等。因此，丝绸不仅单价更高，做衣服耗费的料子也更多。芭芭拉·约翰逊 1811 年做了一件阔领大衣，所用棕色平纹薄绸的价格是每码 6 先令。1814 年做了件裙服，所用薄绸价格也是每码 6 先令。斜纹薄绸的价格也差不多，1812 年是每码 5 先令 9 便士。

薄绸是极为流行的衣料，外衣和衬里面料的描述中经常提到。这件阔领大衣的衬里是白色平织绸布，一开始我以为也

1 巴斯，时装博物馆，BATMC I.06.1232。

2 希拉里·戴维德森，“重新制作简·奥斯汀约 1812-1814 年的丝绸阔领大衣”（Reconstructing Jane Austen's Silk Pelisse Coat, c.1812-14），《Costume》 杂 志， 卷 49，2015，pp. 198-223。DOI:<http://dx.doi.org/10.1179/0590887615Z.00000000076>。

是块薄绸，类似于伦敦的孀妇玛丽·托帕姆（1752—1825）在1812年买来给一件白色缎子外套做衬里的料子。[1] 那种绸料也叫波斯绸，是物美价廉的流行布料。但我后来发现这块衬里轻薄柔软，光洁绚丽又隐约透光，这才知道之前看错了。1814年12月，奥斯汀的外甥女安娜·勒弗罗伊给她写了封信，描述了购买波斯绸的一段经历："我特别喜欢听你说格拉夫顿商店，说得真像；——就是那样的。——我真想哪天去那儿找你，看你坐在高脚凳上，面前摆着15卷波斯绸。"（信件编号116）。奥斯汀读信大悦，因为将近20年前，在1796年1月9日，自己也为买"白手套和粉色波斯绸"花得一分不剩（信件编号1）。波斯绸的价格约为薄绸的一半。[2] 按说应该更适合手头并不宽裕的奥斯汀。

格拉夫顿商店位于时尚的梅费尔区的格拉夫顿街和新庞德街街角，是伦敦一家大型的布料"货栈"——零售和批发中心——奥斯汀和家人在城里时经常光顾（图3.4）。在《傲慢与偏见》中，贝内特夫人因莉迪亚选婚纱的事而抓狂不已，催着莉迪亚自己给姐姐嘉迪纳写信说说此事（第49章）。因为莉迪亚这个女孩儿不像家里其他女性那样有购物经验，"不知道哪家店最好"。通过这个小细节，可以看出摄政王时期英国人购买衣物的两个特点。第一，买家依靠先前经验和对产品的了解来选购。摄政王时期的买家，每天都在和布料打交道；哪块是"正宗印度平纹细布"，哪块是当时质量稍逊的英国货，一望便知（《诺桑觉寺》第3章）。可选择的零售店越来越多，顾客一不留神就可能吃亏。这种情况下，哪块料子经洗耐穿，哪块容易磨边，哪块不易褪色，哪块价格划算，都需要近乎直觉的触感来决定。顾客在柜台

1 1810年的薄绸衬里价格为每码5先令3便士和5先令6便士。玛丽·托帕姆，"女士的账簿，1810-1825年"（Lady's Account Book 1810-1825），乔顿庄园图书馆，乔顿，汉普郡，MS.6641。

2 有记录的波斯绸价格为1812和1813年每码2先令6便士，1817年每码2先令4便士和2先令9便士。玛丽·托帕姆，"女士的账簿，1810—1825年"（Lady's Account Book 1810—1825）。

THE
Polite and Fashionable
LADIES COMPANION,
For the Year 1809.

LONDON:
Printed at the Minerva Press,
FOR LANE, NEWMAN, & Co. LEADENHALL STREET.
and Sold by
Knight & Triphook St. James's Street.

A figur'd Sarsnet Gown.
ten yards. half-yard wide
made at Bath. March 1809
Given me by my Br. Johnson
Nine and sixpence a yard

Fashionable Dresses.

THE NEW
ENGAGEMENT
Pocket
Memorandum Book,
FOR 1810

LONDON,
Printed for Wilmott & Hill, 50, Borough;
J. Poole, 48, Fetter Lane, Holborn; and
Ward & Middleton, Skinner Street.

A purple and white
Gingham-Gown. yard wide
six yards and half
2: 4 a yard

图 3.3
-
芭芭拉·约翰逊的账簿中夹的薄绸布样（1809 年）。
-
维多利亚和阿尔伯特博物馆，伦敦。

前摩挲布料，靠手感和外观来判断其品质。莉迪亚·贝内特做所有事情都漫不经心，花钱也是一样。她在等待姐妹时随便买的那顶“难看的”软帽（第 39 章），就花了大约 1 基尼。对于唯一收入是父亲给的生活费的女孩来说，这可不是笔小数目。贝内特夫人即便骄纵女儿，也不能放任她自由选择“各色印花布、平纹细布、麻纱”（第 49 章）。必须得有位年长女性陪同，用多年的经验评估店家纺织品的质量。

第二，摄政王时期的购物带有社交性质。买家不仅为自己买，还经常为遍布全国的亲朋好友圈中的很多人买。奥斯汀为母亲买的那件裙服，1813 年购于伦敦，是通过所谓代购买的，也就是关系网中的人委托其他人购买。这种行为的基础是信任和亲近的关系。克莱尔·沃尔什和迈尔斯·兰伯特都研究过“家族委托”行为。这种行为依靠的是“非正式的私人或商业网络，帮助将物资运到英国最偏远的乡村”。[1] 代购不只是代为花钱，同样重要的作用是代为挑选锦衣华服。买家把钱放心交给代购，也相信他们的审美眼光，不过这点不太容易说清楚。要挑选出别人也认为“漂亮的”麻纱或“上乘的”平纹细布，这可是件棘手的任务。代购买家必须“把自己想象成委托自己买衣服的人，深刻理解他们的好恶和要求”。[2]

出于家庭成员之间的默契，委托家人代买是个好的选择。奥斯汀一家人经常互相代购，也给好友代购。也有委托异性代购的。比如，简的哥哥查尔斯就曾为她代购长筒丝袜。虽然男性给女性代购的一般是手帕、软帽和其他小件，但他们“在买东西的

1 迈尔斯·兰伯特，“发自城镇：十八世纪期间在英国委托购买服装”（Sent from Town: Commissioning Clothing in Britain during the Long Eighteenth Century），《Costume》杂志，卷 43，2009，pp. 68-84，p. 82，到处可见。

2 克莱尔·沃尔什，“十八世纪英国的商店、购物和决策艺术”，收录于约翰·斯泰尔斯、阿曼达·维克里（编辑），《1700-1830 年间英国和北美的性别、品位及物质文化》，耶鲁大学出版社，纽黑文，康涅狄格州、伦敦，2006，p. 163。

图 3.4
-
上方账单抬头，画有布店橱窗。
-
牛津，博德利图书馆，约翰·约翰逊藏品，账单抬头 22（71）。

能力和兴趣上似乎并不逊于女性”。[1] 虽然奥斯汀和卡桑德拉经常互相代购其他纺织品，但她那件阔领大衣的薄纱太贵，理应亲自去选购。1811 年 4 月 18 日，简在伦敦购物，她兴高采烈地承认说，“我把自己的钱都花光了；对你来说更惨的是，我把你的钱也花光了。”她知道布料的质地“正对我们的品位”，确信姐姐卡桑德拉肯定会喜欢，所以买了 10 码平纹细布，“但如果这块布不适合你，你不要也完全没问题；只有 3/6 双码，我肯定不会全留

1　克莱尔·沃尔什，“十八世纪英国的商店、购物和决策艺术”，p. 170。

着。”（信件编号 70）

这件阔领大衣是一大笔投资，家人肯定要一起参谋。奥斯汀的家人们通常会分享消费体验，并一起讨论。即使简买的只是双打折手套，她也知道家人们肯定会“希望或断言这双手套肯定一无是处”（1813 年 5 月 20 日，信件编号 84）。出于同样的原因，她也不赞同外甥女安娜买的紫色阔领大衣。倒不是因为颜色太扎眼，而是怀疑“来路不正，原主不明”（1814 年 11 月 30 日，信件编号 114）。安娜在购物之前没有与家人讨论，这有违礼数。相比而言，1800 年 11 月 20 日的信中，记录了奥斯汀的家人对简新买裙服的看法：“查尔斯不喜欢，但爸爸和玛丽觉得好；妈妈倒也不怎么反对。至于詹姆斯，他说这是件顶漂亮的外套。”（信件编号 27）从这些稍纵即逝的评价中，可以看出各家庭成员褒贬不一的复杂态度，以及购买新衣这一行为受到的各种社会和文化约束。

奥斯汀的薄绸是在 1813 年买的，这对家里人来说可能有更重要的意义。薄绸上的提花图案是橡树叶，这种图案是英国海军英勇精神的象征。奥斯汀的两个兄弟当时正在海军服役，与拿破仑法国进行着长期的战争。[1] 英国皇家海军的阅兵曲是《橡树之心》（1760 年），纳尔逊的葬礼（1806 年）上，也使用了大量橡树纹样的哀悼纪念品。

使用橡树叶和橡树果图案是英国海军爱国精神的体现。这种图案在当时十分流行，印花细纺棉布也有橡树叶式样。在不同面料上反复使用同一图案的情况非常少见，我迄今也只见过一例（图 3.5）。

在摄政王时代的英国，制作新衣是个复杂的过程，请人缝补面料的细节也不甚清楚。关于人们如何选择服装款式、新潮观念

1 查尔斯和弗兰克·奥斯汀当时都是海军候补少尉。弗兰克最终升至海军元帅。见本卷第 5 章。

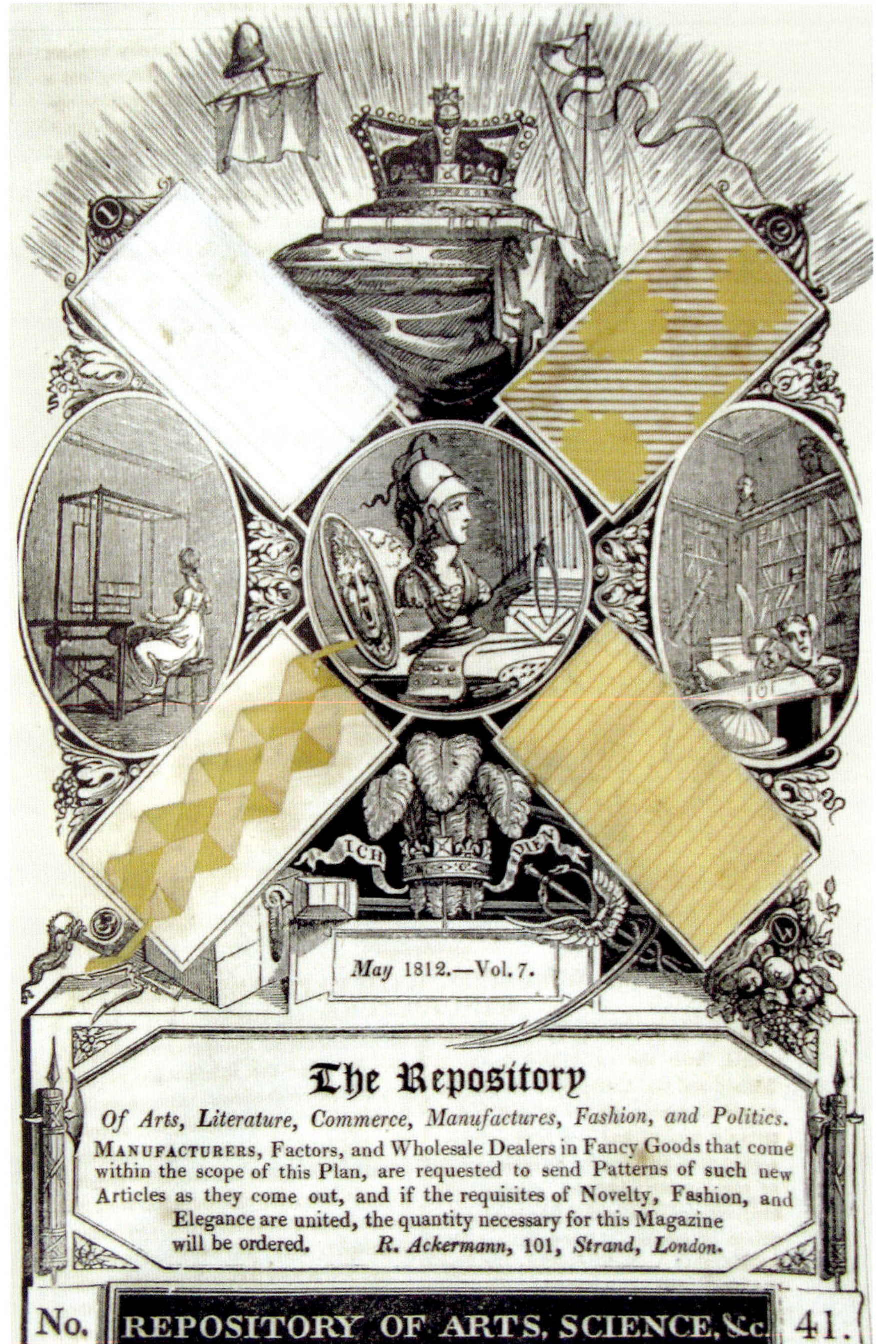
ICH DIEN
101
May 1812.—Vol. 7.
The Repository
Of Arts, Literature, Commerce, Manufactures, Fashion, and Politics.
MANUFACTURERS, Factors, and Wholesale Dealers in Fancy Goods that come within the scope of this Plan, are requested to send Patterns of such new Articles as they come out, and if the requisites of Novelty, Fashion, and Elegance are united, the quantity necessary for this Magazine will be ordered. R. Ackermann, 101, Strand, London.
No. REPOSITORY OF ARTS, SCIENCE, &c. 41.

图 3.5

-

花纹麻纱，鲁道夫·阿克曼陈列馆，1812 年 5 月。希拉里·戴维德森。

图 3.6

-

“夫人们的女外套裁缝”词条插图，约翰·苏特，《英国行业手册及实用艺术大全：附 70 幅版画》（*The Book of English Trades: And Library of the Useful Arts: With Seventy Engravings*），第 7 版（约翰·苏特，伦敦，1818 年）。

-

牛津大学博德利图书馆，1773 f.25, after p. 222.

如何传播的问题，还有待学界做更深入的研究。奥斯汀从未提过她的个人喜好与流行品位或“时尚”有什么联系，也没有提过这三者对服装的制作有什么影响。面料制作成衣物的具体过程仍不为人知，她的小说中也甚少提及。专业女装制衣只在《诺桑觉寺》和《劝导》中提过两次；在《劝导》的原始结局中，曾经介绍过给克罗夫特太太制作女装或女外套的裁缝，但这部分草稿后来被奥斯汀舍弃了。

十七世纪末开始流行一种前开襟的裙服，制作这类女外套的裁缝被称为女装裁缝。大约从 1800 年开始，“女装裁缝”一词逐渐取代了旧有的词汇（图 3.6）。玛利亚·埃奇沃思 1813 年使用这一新词时，语气颇为严厉：“我花了半个小时才约上那该死的女外套裁缝，就是女装裁缝。”[1] 这些专业制衣者以女性为主，有的接受过正式师徒制培训，有的经验丰富，还有的擅长女红，靠从事这个比较体面的行当谋生。关于做衣服的真实开销，奥斯汀只提到过一次。

当时她在伦敦暂住，找了个“住处附近的年轻女人”给她自己和卡桑德拉缝制阔领大衣（1811 年 4 月 18 日，信件编号 70）。[2] 裁缝“只”要了 8 个先令，奥斯汀觉得价格很公道。事实上，对现存账本的研究表明，约 1800—1820 年间，做一件女装的费用一直保持在 7-8 先令，并没有随着通胀而涨价。[3]

贵族和中产女性服装的最终成本从 1 英镑到高达 8 英镑不等，昂贵的主要原因是附加物，比如主面料的价值、整身衬里的成本、缝线、彩带和装饰物等等。当时的 8 先令相当于 2016 年的 20-30 英镑。如此看来，制作女装和女外套的裁缝收入应该是

1 1813 年 5 月 16 日，玛利亚·埃奇沃思，1813-1844 年英国来信，编辑：克里斯汀娜·科尔文，克拉伦登出版社，牛津，1971，p. 59。

2 1811 年 4 月 18—20 日，信件编号 70。

3 参见玛丽·托帕姆，女士的账簿，1810—1825 年、伊莱扎·杰维斯 1812—1819 年的账簿，温彻斯特，汉普郡档案室，MS 44M69/E13/13/12。

比较微薄的。[1]

我擅长手工缝纫，经验丰富，速度也快。即便如此，做一件奥斯汀阔领大衣的仿制品也花了 30 小时。那些只习惯手缝的裁缝，已经通过无数次重复将缝纫变为有节奏的自发动作。对于他们来说，做一件阔领大衣要多久呢？他们是否会明智地提高附加物的价格，来弥补多劳少得的差距呢？

这件阔领大衣有可能是简·奥斯汀自己做的吗？她的针线功夫很好。这一点在信件中有清晰的记录。她曾提过为自己的兄弟做衬衫。这种做法在大家庭中很常见，女人们经常一次就做半打到一打衬衫。[2]

奥斯汀对自己针线功夫的夸耀并非自负。1869 年，她的外甥回忆道：

> 奥斯汀的平针刺绣和花式刺绣都很漂亮，可能比缝纫机缝的还要精美。她尤其擅长缎纹刺绣（人们可能在简·奥斯汀故居图书馆内看到过她绣的平纹细布披肩）。她在这项活计上花了很多时间，有时会兴高采烈地讨论她和同伴们正在做的衣服，有些是给自己做的，有些是给穷人做的。[3]

“衣服”一词用在这里是有误导性的，因为小礼服、衬衫、围裙和其他只到大腿部位的衣物与晚礼服是完全不同的。服装史学家珍妮·阿诺德解释道，“如果做连衣裙能像十九世纪初那样

1 范围取自国家档案馆货币转换器对 1810 年数值的计算结果，<http:// www.nationalarchives.gov.uk/currency/default0.asp#mid>（根据 2005 年通胀水平调整，取自英国国家统计署消费者价格指数：1988 to 2014, <http://www.ons.gov.uk/ons/datasets-and-tables/data-selector.html?cdid=D7BT&dataset=mm23&table-id=1.1>）以及英国历史通胀和价格转换器，<http://safalra.com/other/historical-uk-inflation-price-conversion/>，基于吉姆·奥多诺霍、路易斯·古尔丁、格雷厄姆·阿伦，“1750 年以来的消费者价格通胀”（Consumer Price Inflation Since 1750），《经济趋势》（*Economic Trends*），No.604，2004，pp. 38-46。

2 “我们正忙着给爱德华做衬衫，作为干活最利索的人我很自豪。”1796 年 9 月，信件编号 7。

3 奥斯汀 - 利，《回忆录》，编辑：萨瑟兰，pp. 77-9。

简单的话，外行肯定会很愿意赶工做一件的。不过试穿仍是必要的——很多自家做的平纹细布连衣裙基本只适合晨起后在家穿，至于要在公共场合穿的衣服……就要请女裁缝到家里做了。”[1] 即使是家境稍差的贵族女性，也会请女外套裁缝来制作裙服和其他长款衣物。[2] 奥斯汀在信中从未提及做裙服的事，也未提到过缝纫和剪裁等必要的技能；当时的女性一般不会自己制作这些配件，尤其是丝绸这种需要小心处理的昂贵面料，所以基本可以肯定奥斯汀那件阔领大衣是请专业裁缝做的。

此外，这件阔领大衣衣袖剪裁复杂、做工专业，必定是专家级版型设计师的作品。但这件大衣肯定不是在伦敦做的那件，奥斯汀在 1811 年 4 月 18 日的信中提到那件阔领大衣时，说用的扣子很贵。但这件大衣没有扣子，式样也是 1812 年到 1814 年间的。要确定一件裙服的年代，需要进行细致入微的观察和区分。

在这里，袖头褶皱的数量、位置和饱满程度都是大衣年代的最好证明。这件大衣是高领式样，饰物蓬松，裙边处稍稍外扩，这些特征都与那时杂志中的裙服和凹纹时装图样相符。十九世纪头十年的裙服，装饰都较为素雅。女外套裁缝的账单非常详细，“整身衬里”、缝线及所有饰物和饰品的费用都会分别列出，这些工序影响了最终的式样，总额有时也会很昂贵。托帕姆夫人详细描述过一件阔领大衣的费用和各种材料。1814 年 4 月 23 日，她买了“8 码的斜纹薄绸 8/6（译注：原文如此），做阔领大衣用”，共花了 3.8 英镑。之后她又多买了半码，还有两瓶“绿色染料”，可能是要给绸子染色用，因为她 5 月 3 日又买了几码薄绸和一半量的“绿色染料”，用来做阔领大衣（15 先令）。她那件大衣上

1 珍妮·阿诺德，“女装裁缝技艺”（The Dressmaker's Craft），《Costume》杂志，卷 7，增刊 1，1973 年 1 月，pp. 29-40.DOI: http:// dx.doi.org/10.1179/cos.1973.7.s1.29。

2 男性裁缝通常制作毛呢阔领大衣和骑手服。

图 3.7

-

简奥斯汀阔领大衣细节图。希拉里·戴维德森。

有两条装饰缏（10 便士）——就是盘花纽扣——和一条两码长的细绳（1 先令 6 便士）。[1] 奥斯汀的阔领大衣上也有条装饰细绳。上文逐项列出的额外费用是饰品费，用于在托帕姆夫人的阔领大衣做好后添加装饰物。同理，奥斯汀大衣上的细绳也可能是单独购买后加装的。不过，因为细绳和大衣用的缝线和针法都一样，所以细绳应该是在做裙服的同时缝上去的。除去线钱和工费，托帕姆夫人 1814 年买的阔领大衣总共花了 4 英镑 15 先令 1 便士。

奥斯汀的阔领大衣用的是更廉价的薄绸，类似芭芭拉·约翰逊的那种，每码要便宜约 2 先令 6 便士。但即便如此，购买这件大衣的各种原料也花费不菲，这也凸显了这件衣服的质量和贵重。我估计总额应在 5 英镑 11 先令 6 便士左右，其中包括女装裁缝或女外套裁缝的工费。裁缝大概是伦敦的。大衣最终的样子取决于诸多细节和装饰，这些细节和装饰又是如何确定的、有什么理由，目前仍不清楚。如果确实都是奥斯汀的主意的话，那么这件阔领大衣可能就是她在信中提过的裙服，那封信 1814 年 8 月 24 日写于伦敦："我得早做准备，得麻烦你周六把科莉尔给我做的那件绸子阔领大衣送来。我觉得这种场合用得着。"（信件编号 105）她做的"准备"是计划从伦敦返回乔顿时拜访家族友人。[2] 她不用别的形容词，而是用"绸子"来指明那件阔领大衣。这表明当时她只有一件适合在"场合"上穿的贵重裙服，尽管她也有别的阔领大衣：1811 年 4 月 30 日的信（信件编号 72）中提到过一件带装饰的大衣。如果她有不止一件绸子阔领大衣的话，肯定用其他的词来形容大衣的质地。奥斯汀贵重的绸子衣服并不

1 玛丽·托帕姆，女士的账簿，1810—1825 年。

2 迪尔德丽·勒·费伊，《简·奥斯汀和奥斯汀家族年表：1600-2000》（*A Chronology of Jane Austen and Her Family: 1600-2000*），剑桥大学出版社，剑桥，2006，p. 487。

少，1813 年时她已经有几件“中国绉纱”和淡紫色薄绸外套了。[1] 她的其他几件阔领大衣可能没那么华丽，但更为实用，类似《劝导》中温特沃斯上校提到的：

“我后来没有多少新发现，就像你对一件旧长外衣是否时尚、是否耐穿不会有多少新发现一样。自你记事开始，就已经看见这件长外衣在你半数的熟人中被借来借去，最后在一个大雨天又租给了你自己。”（第 8 章）

这种平纹粗纺阔领大衣是女人们平时走路和坐车时穿的。

摄政王时期，裙服的价值很高。对于奥斯汀这种社会层次的贵族消费者来说，买裙服是大笔开销，购买频率也低。她们在买新衣服时会跟亲戚、熟人和专业人士共同计划、讨论并协作完成。裙服做好后可能会反复翻新，直到面料再也经不住为止。很多博物馆都收藏有保存至今的裙服，可以看到上面有仔细修改的痕迹，这是为了改进或保持流行式样而做的。相比之下，奥斯汀的阔领大衣就像新做好的一样，几乎看不出磨损（图 3.7）。如果大衣是她的，那么她最多只穿了五年，其中还有一年在生病。病人穿这么精美的大衣完全没有必要。唯一的改动估计是腰带。原有的腰带缝在背缝中心，在前胸下方系紧，可能不小心丢了。补做的腰带（图 3.8）是按照维多利亚和阿尔伯特博物馆中一件相似的阔领大衣的式样制作的。[2] 腰带是白色丝带，约 1 英寸宽，从大衣里面系紧，也被扯掉了。

相对于整件阔领大衣，丝带、前胸细绳、袖口等元素看似细微，却值得更仔细地研究，因为这些缝纫用品的微妙运用正是摄政王时期的女性用来改变服装式样、体现个性品位的重要手段。奥斯汀阔领大衣上的装饰并无改动，这很不寻常，说明

1　1813 年 11 月 6—7 日，信件编号 96；1814 年 3 月 5—8 日，信件编号 98。

2　维多利亚和阿尔伯特博物馆，新添藏品编号 T.24-1946，c.1809，<http://collections.vam.ac.uk/item/O13824/pelisse-unknown/>。

要么太贵重，要么穿的时间短。简和卡桑德拉经常把衣服缝缝改改，这在当时是很正常的行为。不过像奥斯汀这种手头并不宽裕的家庭，女人们通常还是在家里自己做翻新。改动的目的不仅是让裙服能穿得更久，大概也是让主人不至于把有限的几件衣服全穿腻，此外还是为了跟上时装的潮流。买件全新的裙服是一大笔花销，而创新性地缝缝改改，既简单廉价，又能保持新鲜感和时尚度。摄政王时期，服装装饰对于穿衣讲究的人来说是极为重要的。

托帕姆夫人的账本表明，从 1811 年到 1815 年，在她购买的纺织品及服装相关用品中，虽然织物的花销占大头，但花边、鲜花、丝带、发夹、褶边、皮鞋镶边和玫瑰花饰、绒丝带、窄饰带（各种穗带），细绳、纱带、衬垫、纽扣等附件的数量也占到了 47% 之多。特别是丝带，购买量是最大的。其占比在缝纫用品中高达约 42%，在购买的所有纺织品中也高达约 20%。账本记录显示，托帕姆夫人在 1810 年到 1825 年间，每周都会买丝带，各种颜色、宽度和质量的丝带都买过。奥斯汀再次让我们了解到女性是如何频繁购买丝带来打扮自己的：

> 我决定用黑色缎带点缀我的淡紫色薄绸，和点缀“中国绉纱”的方法一样，底宽 6 分，顶宽 3 或 4 分。——丝带装饰在巴斯正流行。两地流行的风格都一样，我个人觉得很愉快。（1814 年 3 月 5—8 日，信件编号 98）

丝带以价格区分，对应不同宽度和编织质量；即使最贫寒的人也有能买得起的价位。丝带质地包括薄绸、塔夫绸、压花或者“珍珠镶边”等。奥斯汀在同一封信中提过最后一种，说她正试着“把……做成玫瑰花饰的样子，不把它（丝带）放在普通双辫（褶）里”。她还描述了裁缝工作的过程。那位别具匠心的裁缝用各种丝带和其他装饰展示出了繁复多变的品位，做出了十九世纪头十年的大衣的样子（图 3.9）。

这一时期的另一重要问题，就是女人们了解服装样式变化发展的途径。最新的信息可能促使她们新买一条玫瑰丝带的项链，或者“熟悉一下人们追求无聊的最新方式”（《劝导》，第 17 章）。一种公认的说法是因为印刷媒体激增。这时有种针对女性读者的月刊杂志，每期都附有一两张上色的雕刻图像板（类似图 3.2a 和 3.2b），展示最新时装款式。这是女人们了解款式信息的关键来源。[1]

这种看法是用后来十九世纪的记录倒推出来的情况。但我至今都没有找到任何原始证据，能够证实摄政王时期的情况确实如此。值得注意的是，在奥斯汀一生做过的有关服装传播行为的记录中，并不存在新潮时尚通过图像板来传播的现象。人们反而是通过观察他人的穿着来感受时尚的。活生生的人才是所有信息的传播途径。人们亲眼观看、亲手触摸衣服后，再当面或写信告诉她们认识的人，或者是给自己的亲友买东西——这些做法在奥斯汀的信中都有大量的记载。在她的著作中，也从未提过在做衣服的时候参考时装图样或其他服装平面款式图。很多其他第一手资料也可证明并无此类描述。相反，实在找不到认识的人时，她“身边自愿的间谍”（《诺桑觉寺》，第 24 章）也能向她转述看到的细节。《劝导》中的史密斯太太通过她的护士鲁克夫人了解到巴斯的仆人们的闲话，津津有味地听人说着沃利斯夫人这位“时髦漂亮、出手阔绰的愚蠢女人”的“花边和漂亮的衣着”（《劝导》第 17 章）。史密斯太太病得很重，出不了门，但可以通过别人的眼睛观察社交场合的衣着。和代购服装需要的知识

---

1 例如这种断言，“虽然对于史学家来说，时装杂志是相当可靠的资料，但我们也决不能忽视杂志对当时品位的影响。它为全国的读者描述了标准的时尚，因而有助于引导更多人接受当下的式样。至少在习惯于将杂志作为指南的阶层中，促进了一致品位的形成”。引自 C. 威利特、菲利斯·坎宁顿，《内衣的历史》（*The History of Underclothes*），Dover 出版公司，纽约，1992，p. 157。虽然时装图样可能还未成为女装裁缝的信息来源，但并不影响它们能为服装的描述提供审美导向（本卷第 8 章中介绍过这种说法）。

图 3.8

-

腰带款阔领大衣复制品。希拉里·戴维德森。

图 3.9

-

丝带装饰。希拉里戴维德森。

能力相同，代为观察服装的人也具有评估衣服价格和式样的能力，即凯瑟琳·萨瑟兰所谓“社会判断力”。[1] 古灵精怪的埃尔顿太太在参加海伯里舞会时打量周遭人的衣品，自诩在村里艳压群芳，颇为得意，同时也知道别人也在挑剔她自己的穿着（《爱玛》，第 38 章）。同理，1801 年 1 月 8 日，奥斯汀记录道，她很享受“对衣着昂贵又暴露的波利特太太”穿的“蕾丝和平纹细布”评头论足（信件编号 30）。不论决定大衣最终外观的各种细节是如何确定的，穿上这件阔领大衣的奥斯汀肯定会受到家人、朋友和陌生人挑剔眼光的注视。所有人都会对裙服做出近乎本

1　凯瑟琳·萨瑟兰，“简·奥斯汀和社会评判”（Jane Austen and Social Judgement），大英图书馆，《发现文学：浪漫主义作家和维多利亚时代的人们：1780-1832 年间的小说》（*Discovering Literature: Romantics and Victorians: The Novel 1780-1832*），<http://www.bl.uk/romantics-and-victorians/articles/jane-austen-and-social- judgement>，访问日期 2016 年 2 月 26 日。

能的评估，这是通过对大衣的各种组成要素进行总结概括而做出的，就像我们前文所描写的那样。活在二十一世纪的我们必须下一大番功夫才能重新具备这种总结概括能力。

当然，围绕这件阔领大衣的重大问题是，大衣真的属于简·奥斯汀吗？简单地说，可能永远不会有确定的答案。具体来说，大衣的质量、制作，特别是尺寸信息与奥斯汀确实穿过这件大衣的假设之间毫无矛盾。这种假设是有有力证据支持的。我写过更专业的文章，概述了复原的阔领大衣与人们所知的奥斯汀的体形之间的一致之处。[1] 特别是，大衣非常符合旁人对她修长瘦削的体形的描述。毒舌邻居说她“像根细直木棍或铁棍”“是个又高又瘦，颧骨很高的人”“个高纤弱，但不佝偻”，夸她体形好的人说她“纤细优雅”。[2] 穿着这件阔领大衣的模特也是高瘦体形，两臂修长，胸部丰满。奥斯汀的三围大致是这样的：胸围 31-33 英寸，腰围 24 英寸，臀围 33-34 英寸；身高在 5 英尺 6 英寸到 5 英尺 8 英寸之间，在十九世纪初的女性中无疑是高个子。我找过的模特替身中，穿那件阔领大衣复制品最合身的人叫朱妮柏·贝德韦尔 - 威尔逊。她是个苗条的高个女孩，身材非常符合对奥斯汀体形的描述（图 3.8）。她的尺寸是：胸围 30 英寸，腰围 24 英寸，臀围 30 英寸。[3] 透过穿着阔领大衣的朱妮柏，我们也许可以看到奥斯汀那优雅的身姿。

对于简·奥斯汀、她的家人、她所处的环境，甚至她虚构的那些人物来说，谈论服装是一种磋商行为，其基础是由品位相投的潜在买家构成的人际网络。对于摄政王时期的时尚人群来说，这些网络是至关重要的，能够传播关于服装的新理念，以及新潮

1 希拉里·戴维德森，“重新制作简·奥斯汀约 1812—1814 年的丝绸阔领大衣”《Costume》杂志，卷 49，2015，pp. 218-20。

2 1801 年 1 月 25 日，信件编号 33。

3 诚挚感谢朱妮柏·贝德韦尔 - 威尔逊和她的家人对阔领大衣复原项目的大力协助。

服饰的制作方法。对于像奥斯汀这种社会层次的贵族女性来说，要了解服装和衣料的新颖性、质量、变化和潮流，仍要靠亲友、熟人和专业人士的所见和所触来传播。不管奥斯汀在描写虚构角色的服装时多么谨慎（她从未描述过女主角的穿着），她的信件仍然显示了自己对服装的强烈兴趣。当她谈及别处未曾涉及的韵律、秘密和观点时，评论家们拆分并重组文本的做法就是逐字剖析并重组。这件阔领大衣就是化成实体的文字，如同她的文学建构一般，含有丰富、鲜明的信息。像解析文字一样，我们也能通过抽丝剥茧和重组来“读懂”这件大衣，探究奥斯汀时尚穿衣术背后的整个世界。仔细研究这件大概属于简·奥斯汀的大衣，分析它的各种特征和来龙去脉，给了我们一种全新的角度来观察她的一生和她的时代，再次端详这位已经被研究到每一个细节的作家。不过，研究她的人永远是少数，而钟爱她的人不计其数。

4 独特的书信艺术价值

戴德尔·林奇

图 4.1
-
简·奥斯汀的写字台。大英图书馆委员会。

简·奥斯汀写的信，保存至今的有 161 封（图 4.1）。其中最早的几封是她 21 岁时写的。从这些信中，我们得以窥见那时她的日常生活和一些难忘的记忆，比如购物（购买白色手套和粉色丝绸）、十八世纪末的时髦手工艺（装饰她母亲做的“旧纸帽子”），以及最重要的聚会：奥斯汀向她的姐姐描述了前一天晚上的舞会，她在舞会上和一个附近的小伙子“纵情舞蹈，并坐畅谈，甚为恣意”。这封信是 1796 年 1 月 10 日寄出的（信件编号 1）。在描述自己昨晚在婚恋市场上的表现时，奥斯汀的语气是装模作样的惊恐——同时是为了嘲弄当时的道德说教文章——考虑到这封信是为给卡桑德拉送上生日祝福的，这种语气让内容更显有趣。卡桑德拉也确实看得饶有兴致，她可能还曾要求奥斯汀接着写几封这种风格的信。因为奥斯汀寄出的另外几封信中，确实沿用了这种戏谑的口吻。那时两姐妹由于跟随家人走亲访友而再次分开。比如，在 1796 年 8 月 23 日的信（信件编号 3）中，奥斯汀是这样描述到达伦敦的情形的，“我再一次身处这堕落和邪恶的所在”，“我的道德已经受到污染”。

今天的读者从纸质书或网络上读到奥斯汀的信时，所获得的乐趣还有其他的来源。我们在“偷听”这位作者的时候，知道的信息比她多，而且还知道她正在通往文学巨匠的路上，这一点也是她本人无法得知的。至少在理论上，在窥探别人隐私和阅读他人私信时，那种略不道德的刺激感也是乐趣的来源。事实上，在奥斯汀时代的文学文化中，这种乐趣也是常见的谈资。

1773年，休·布莱尔在关于纯文学与修辞的演讲中谈到，在英国图书市场中，作家给亲友写的信件集和当时新出现的生活——信件集式传记的利润特别高。对此他解释道，“人们乐于窥视放松状态下毫无戒备的作家”。布莱尔认为，作家信件集的出版价值之所以高，正是因为这些信件不是像发表的作品那样肯定是写给没有感情联系的后人，而是写给亲密好友的。然而，这些即兴写就、无所拘束的作品一旦成册发表，后人就有了新的途径来了解作家的“真性情”。[1]

奥斯汀饱读群书，一定了解布莱尔所说的这种乐趣。不论是在发表作品还是手稿信件中，她都提到了当时著名的书信体文集，特别是1788年由海斯特·施拉尔·皮奥齐出版的她和朋友塞缪尔·约翰逊的通信集。布莱尔在总结这种新的出版业现象时，认定读者会为了探寻作者隐秘的个性而购买信件集。然而当奥斯汀去世后不久，家人开始对外公布家庭通信时，却没有出现购书热潮。

有确切的迹象表明，奥斯汀的家族是不会同意这种主张的。1884年，简的甥孙布雷伯恩勋爵出版了第一本成书的奥斯汀信件集（共收录94封信）。

为了证明自己师出有名，并跟远房表哥詹姆斯·爱德华·奥斯汀-利抢功（14年前，奥斯汀-利出版了《简·奥斯汀回忆录》），布雷伯恩在序言中声称他出版的信件集能描绘“别人无法记述的历史”，展现简的真实生活。[2]（布雷伯恩还大肆夸耀，说他的那一家族支系费尽周折，保存并继承了比其他支系更多的

1 休·布莱尔，《关于修辞和纯文学的讲座》(*Lectures on Rhetoric and Belles Lettres*)，第四版，斯特拉恩、卡德尔、克里奇、伦敦，1790，卷3，p.63。

2 “引言”，《简·奥斯汀书信集》(*Letters of Jane Austen*)，编辑：爱德华、布雷伯恩爵士，2卷本，理查·本特利，伦敦，1884，卷1，p. xiii。

简·奥斯汀的信件。）

十九世纪四十年代，卡桑德拉·奥斯汀安排她的外甥女，即布雷伯恩的母亲范妮·奈特（后改名为纳奇布尔夫人）继承了大部分简写给她的信，这可能是因为她知道这些信中的绝大部分都是写于奈特家族在肯特郡的庄园，或寄到此地的。[1] 布雷伯恩承诺道，他刊印的这些奥斯汀的信件，内含“简·奥斯汀从灵魂深处向她姐姐吐露的秘密，夹杂着许多不为外人道的家族和个人细节”。[2] 虽然其他段落的阅读体验完全不同，但在此处布雷伯恩向读者保证，他们会如同卡桑德拉一样，聆听到奥斯汀的倾诉。他说这些刊印的信件能让读者“听到”姐妹间的促膝密谈。

然而，很多人读到奥斯汀的通信时，却没有产生布雷伯恩所说的那种感受。作为文字描写，这些信件在很多方面都与奥斯汀本人无关，更多的是用来承认并加强她与别人之间的联系。[3] 想要正确理解这些信件，需要先正确看待女性间通信时所涉及的内容，而这恰恰是布雷伯恩的描述所轻视的（这些内容对于奥斯汀的信件和那些并未发表的十八世纪和十九世纪初无名女性的信件来说，都是至关重要的）。我们必须想到，通常而言，写这些信主要是为了尽到作为女儿和姐妹的义务。很多时候写信的目的只是为了确保通信渠道畅通和保持人情往来。这些信件的行文更像是半公开的社交文件，而不是日记一样的私人情感的表露。

尽管布雷伯恩把这些信描绘成他伯祖母的“灵魂”倾诉，信的内容却多为日常俗事，谈论的常常是具体实在的事情，少有难以言喻的感情。比如，信中讨论的话题有白手套和纸帽子；调整

1 有关信件作为家庭遗产的传承，参见凯瑟琳·萨瑟兰，“简·奥斯汀的生活和信件”（Jane Austen's Life and Letters），收录于克劳迪娅·约翰逊、克拉拉·图特（编辑），《简·奥斯汀指南》，布莱克威尔出版公司，牛津，2009，pp. 13-30。

2 “引言”，《简·奥斯汀书信集》，编辑：爱德华、布雷伯恩爵士，2卷本，理查·本特利，伦敦，1884，卷1，p. xii。

3 对照琳赛·奥尼尔，《拆开的信：早期现代英国世界关系网络》（*The Opend letter: Networking in the Early Modern British World*），宾夕法尼亚大学出版社，费城，2015，p. 4。

高德曼舍姆庄园中家具的摆放［1800年11月8—9日写给卡桑德拉的信（信件编号25）］；云杉啤酒［1808年12月9日写给卡桑德拉的信中（信件编号62）说正再次酿造］——这些东西在奥斯汀的信中都有描写。

她写东西这件事情本身也经常是通信的主题谈资。在某些古怪的章节，奥斯汀连写作所用的纸张和墨水都是精心设计过的。如果在书中或电脑上阅读这些信件，就无法代入读信人的视角，无法体会到他们全部的感觉，因为这些东西并不仅仅是在传达信息。在1798年10月28日写给卡桑德拉的信中（信件编号10），奥斯汀如此评论写作过程与写作主题的融汇，“我很生自己的气，因为总是写得不够紧凑；我的字母怎么比你的稀疏那么多？”这个问题让我们突然意识到书写媒介的重要——今天的我们已经习惯标准字体和间距——我们读信的体验是和卡桑德拉截然不同的。

总体上，在保存至今的十九世纪初的文字中，这些信件是辞藻最为华丽的作品之一，值得反复研读。即便如此，我们在阅读时也可能感到怅然若失，内心不安，这是有充分理由的。理由之一就是技术处理。我们读到的信件都是经过技术处理并转化为印刷文本的，这无疑让我们与当时的人们更加疏远了。

火焰和剪刀

如果冷静观察，这些通信档案确实可能显得有些七拼八凑，令人失望。如前所述，信件共有161封。原始手稿由三个家庭支系各自保存、传承——一部分遗赠给了范妮·奈特，一部分遗赠给了简的另一位侄女卡洛琳·奥斯汀，还有一部分则由简和卡桑德拉的弟弟查尔斯的后人继承。这些书信多年后才重新集齐，经R.W.查普曼整理，于1932年由牛津大学出版社出版。161封信中，除了三个家庭支系继承的这些，另有几封流传到市场上，被查普曼及时收集出版。此外，他死后又有9封信公诸于世。

必须承认，奥斯汀的所有信件中，保存至今的不算很多：根据接替查普曼的编辑迪尔德丽·勒·费伊的计算，简·奥斯汀一生中写过三千封信。这就意味着，如果读者在信中寻找类似日记的文字，希望以此发掘作者的真实性情，那么从一开始就会遇到困难。断档——有时缺失整年的信件（1797年；1802-1803年）——影响了记录的价值。

另一个问题是读者看不到别人寄给奥斯汀的信：这种阅读体验就像只能听见通话录音中一个人的声音。1796年9月1日奥斯汀写信（信件编号4）给卡桑德拉说，“你确实是当今最好的画像师”，但在之后的二十年中，卡桑德拉给奥斯汀的回信中都说了什么，已全然不得而知。

当然，这位奥斯汀的姐姐在大多数当代读者心目中的形象非但不是天才画像师，而且是个扫兴的人物。她毁了妹妹的很多信件，让我们求而不得——正因为读不到，那些信的内容才更加令人浮想联翩。几乎从奥斯汀的信件面世之时开始，就有传闻说大概在十九世纪四十年代，卡桑德拉在整理家庭文件时烧毁了大部分信件，幸存的信有些也被她掐头去尾。这一毁信故事非常有名，其后果就是那些被销毁的信就像幽灵一样挥之不去，始终萦绕在读着幸存信件的读者的脑中。

在整理《简·奥斯汀回忆录》（1870年）时，卡桑德拉的侄子J.E.奥斯汀-利曾为持有的手稿材料太少而致歉，似乎就是在暗示毁信的行为。奥斯汀-利叹息道，在简·奥斯汀死后的五十年中，她那些“最近的亲属不仅没有帮助准备（回忆录的编辑），而且销毁了很多信件和文章，这些文字本都是大有裨益的”。[1]事实上，对于很多批评奥斯汀的信件中感情淡漠的说法，奥斯汀-利的

1 奥斯汀-利，《回忆录》，编辑：萨瑟兰，p. 132。

子侄辈开始为她开脱，把罪责全推给了卡桑德拉：他们认为，卡桑德拉保护妹妹隐私的冲动过于强烈，结果给后世留下了一个扭曲的、不讨喜的形象。因此就有了曾侄外孙女玛丽·奥古斯塔·奥斯汀-利的说法。

1920年，她颇为矫饰地说道，那些信件“不过是‘采摘过后葡萄园中的散碎葡萄’——所有的精华之前都已经妥善收藏在了卡桑德拉忠实的回忆中。除了那些连她都认为可以忽略的细枝末节，没有遗漏任何一点”。[1]

然而，对于奥斯汀家族的这种站不住脚的理论，凯瑟琳·萨瑟兰犀利地回应道，也许根本就没有什么不能披露的机密信件。[2]事实上，卡桑德拉销毁的信件可能相对很少。当然，奥斯汀的很多信件（比如很多写给非亲属的信）在被卡桑德拉剪碎烧毁之前似乎就已经找不到了。很多信可能在奥斯汀去世前就已经扔掉了。

研究这些信件背后有关出处和传承的详情，就能弄清信件散佚大半的各种原因。试举一例，奥斯汀的家人公布的第一封信（信件编号161）是1817年5月奥斯汀在温彻斯特的病房中写的，两个月之后她就病故了。1817年下半年奥斯汀去世后，新版《诺桑觉寺》和《劝导》出版，这封信的部分内容也在《传记短评》中一同付梓面世。奥斯汀的哥哥，她的遗嘱执行人亨利·奥斯汀以此展示，即使在临终病榻上，简也有着如他所说的将“抱怨转变为乐观”的天赋。[3]人们可能会认为奥斯汀病重或临终时留下的文字更具价值，但这封信却由于亨利誊写不全而让人大呼上当。

1 玛丽·奥古斯塔·奥斯汀-利，《简·奥斯汀的个人层面》(*Personal Aspects of Jane Austen*)，约翰·默里出版公司，伦敦，1920，p. 49。

2 凯瑟琳·萨瑟兰，《简·奥斯汀的文本生命：从埃斯库罗斯列到宝莱坞》(*Jane Austen's Textual Lives: From Aeschylus to Bollywood*)，牛津大学出版社，牛津，2005，p80。参见乔·莫德特，“引言”，收录于《誊写本中的简·奥斯汀手稿信件集》(*Jane Austen's Manuscript Letters in Facsimile*)，南伊利诺伊大学出版社，卡本代尔，1990，p. xxvi。

3 亨利·奥斯汀，《传记短评》，收录于奥斯汀-利，《回忆录》，编辑：萨瑟兰，p.142。

1796年那“第一封”描写纵情舞蹈谈心的信的手稿也同样亡佚了，所以目前对其唯一的权威记载是布雷伯恩版的通信集。他在出版通信集后决定将手稿材料委托拍卖。此时有14封信的手稿在印刷出版后丢失，这封信也在其中。在这一点上，这14封信件手稿的丢失似乎应该归罪于拍卖行混乱的档案管理，以及将这些私人藏品委托拍卖的所有人的粗心大意。同时，奥斯汀家族的其他成员也难辞其咎。他们对维多利亚时期传记材料搜寻者的要求唯命是从，加剧了手稿的散失。在有些家族成员自己保留的或受卡桑德拉遗赠的信中，有几封都被剪掉了一部分，签名行受损尤甚。

碎片与补丁

从某种意义上说，即便写给卡桑德拉的信都保存完好，在读者看来也显得断断续续——如同拼凑而成。卡罗尔·霍利亨·弗林说得好：这些记录奥斯汀日常点滴的文字在不同主题间跳跃不定，聚集成了“支离破碎的日常社交细节”。[1] 1808年12月9日写的关于云杉啤酒的信（信件编号62），满是“琐碎小事”——但又“非常重要”，不同主题乱七八糟地拼在一起，凌乱刺眼。作者用大量的破折号从一个“小”话题切换到另一个，让整封信的笔迹也显得断断续续。信里先提了酿啤酒的事，然后说到科琳小姐的行踪，又转到什么手镯放在哪儿，接着谈到近期的访客，如此等等。直写到奥斯汀的信纸用完了，才对卡桑德拉说“奋笔抒怀，指力不济，请向其他人转达我的问候和思念”。

1910年，社会学先驱格奥尔格·西美尔撰写论文，称这种文体为最纯粹、最典型的社交行为：“社交对话固有的特性……就

1 卡罗尔·霍利亨·弗林，“信件集”（The Letters），收录于爱德华·科普兰、茱莉叶·麦克马斯特（编辑），《简·奥斯汀剑桥文学指南》，第二版，剑桥大学出版社，剑桥，2011，pp. 97-110（p. 98）。

是对话主题可以轻松快速地变化；因为话题不过是谈资，随时可换，随口可说。”[1]

西美尔所谓谈话本身即是目的、为了谈话而谈话的解释，破解了奥斯汀书信散漫文风的秘密。1808年12月，奥斯汀在写这封信时，料定她姐姐肯定能跟上她闪转跳脱的思路，这也可以说是姐妹俩的通信亲密无间的标志。外人读这封信所能感知的只是“事物的表面”。[2] 薇薇安·琼斯比喻道，奥斯汀和卡桑德拉之间的通信交流，就好像我们今天用手机给最亲近的人发送的连串信息一样，只是分享最近的工作生活情况。琼斯指出，这些信件的矛盾之处在于，既亲密无间（除了亲友，谁会关心我们的琐事？），又不够坦白。[3] 即使写给卡桑德拉的信中确实有坦白的内容——比如1796年1月，奥斯汀承认自己和汤姆·勒弗罗伊在舞会上“纵情”“恣意”地互动——大概也是故作坦白而已。奥斯汀的这种夸张口吻可能是种自我保护的策略。她家境一般，嫁妆很少，因此绝不承认在前一晚的相处中投入了什么感情；她用这种习惯性的语言暗示，舞会上的互动不可能是什么严肃关系的开始。

在《回忆录》中，奥斯汀-利为他姑妈信件内容的琐碎做了辩解。他说他看过的几封信就像“小鸟用身边的材料筑巢，就在筑巢的树下啄拾小枝和苔藓；用最简单的材料，做最奇妙的构造”。[4] 现代批评界经常谴责奥斯汀-利的这种居高临下的解读，指责他用温馨的色调美化奥斯汀的狭窄眼界，而实际上她的文风却总是尖刻机敏的。也许奥斯汀-利的这种类比更适于用来描绘我们读信时的感受，而不是她本人写信时的心情。这只拼凑碎片

1 格奥尔格·西美尔，《社会学》（*The Sociology of Sociability*），《美国社会学期刊》（*American Journal of Sociology*），卷55，no.3，1949，pp. 254-61（p. 259）。

2 卡罗尔·霍利亨·弗林，“信件集” p. 100。

3 薇薇安·琼斯，“引言”，收录于《简·奥斯汀信件选》，编辑：薇薇安·琼斯，牛津大学出版社，牛津，2004，pp. xiv, xi。

4 奥斯汀-利，《回忆录》，编辑：萨瑟兰，p. 51。

图 4.2
-
二十世纪初奥斯汀家族的女人们做的拼接棉被。
-
汉普郡简·奥斯汀故居图书馆。

图 4.3
-
“书写的秘密”：用坏的鹅毛笔尖插图，詹姆斯·贝雷斯福德，《世间苦难》（*The Miseries of Human Life*），第十版，2 卷本（P. Wright and sons），伦敦，（1825），卷 1，p.193。
-
牛津大学博德利图书馆，247126 f.47.

的“小”生物，比起奥斯汀本人，大概更像是她的读者：毕竟，一些维多利亚时期的传记收藏者曾在他们的剪贴簿上粘贴奥斯汀笔迹的样品，或者为他们的印刷书籍补充插图（我们所知的就有几例，比如某一版的《爱玛》，以及一份美国出版的文集《英美著名女诗人图册》）。这些维多利亚时代的剪贴簿作者的行为，把文学文化和更为民俗的家庭手工别扭又紧密地联系在了一起。

虽然在某种程度上，这一点并未引起评论界足够的重视，但像奥斯汀这样的作家写信时肯定已经理解到了文学与手工的相近性。1811 年 5 月 31 日，她在信中（信件编号 74）问卡桑德拉，“你没忘记收集做拼缝活计用的碎片吧？”这个问题一箭双雕，既问了卡桑德拉会不会马上回信，又问了她是否已经为姐妹俩手里的针线活儿做了准备（图 4.2）。

当时是十九世纪初，木浆造纸技术要到半个世纪后才得以应用。那时造纸的原料还全是碎布，且造价昂贵。像奥斯汀这种社会地位的女子仍必须花大把时间做针线活。

对她们来说，用针线缝衣和用纸笔写信都是应该做的事情，二者互不冲突。（甚至，十八世纪的小说塞缪尔·理查森还曾借他笔下一位女主角之口，将写信誉为是“除了针线活之外”最适合女性的消遣。）[1] 此外，那时妇女间最流行的几种手工艺活动都需要将纸张当作布料一样对待——奥斯汀在 1796 年的一封信中（信件编号 1），就提到过她母亲的纸帽子；在 1813 年 9 月的一封信中（信件编号 89）提到过奈特家族的熟人范妮·凯奇正在做的纸屏风——就好像纸张是布料一样。这个时代的纸张是“坚韧、实用、昂贵的材料”，就像布料一样可以折叠并打褶，甚至缝纫并刺绣。[2] 纸张如此昂贵——十八世纪纸张的成本占到了书

1 塞缪尔·理查森，《克拉丽莎》（*Clarissa*），4 卷本，Dent，伦敦，1932，卷 4，p. 495。

2 塔莉亚·谢弗，《小说技艺：维多利亚时代家庭手工与十九世纪小说》（*Navel Graft: Victorian Domestic Handicraft and Nineteenth-Century Fiction*），牛津大学出版社，牛津，2011，p. 17。

34. (T.)

Writing, on the coldest day in the year, in the coldest room in the house, by a fire which has sworn not to burn ; and so, perpetually dropping your full pen upon your paper, out of the five icicles with which you vainly endeavour to hold it.

35. (T.)

Looking for a good pen, (which it is your perverse destiny never to find, except when you are indifferent about it,) and having a free choice among the following varieties. [N. B. No penknife.]

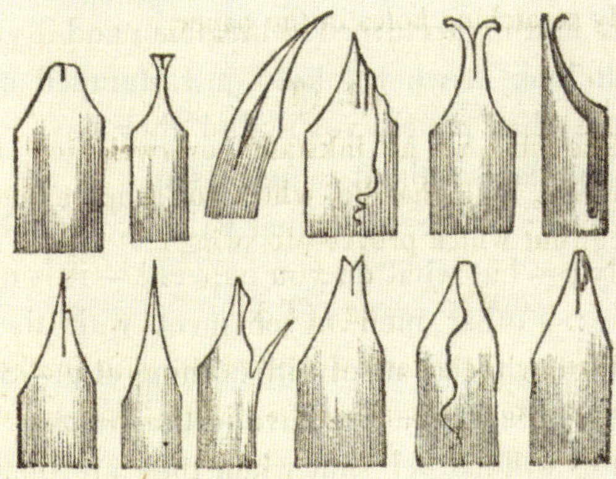

Paragon — Tuesday May 12th

My dear Cassandra

For your letter from Kintbury & for all the compliments on my writing which it contained, I now return you my best thanks. — I am very glad that Martha goes to Chilton; a very essential temporary comfort her presence must afford to Mrs Craven, and I hope she will endeavour to make it a lasting one by exerting those kind offices in favour of the young Man, from which you were both with-held in the case of the Harrison family by the mistaken tenderness of one part of ours. — The Endymion came into Portsmouth on Sunday, & I have sent Charles a short letter by this days post. — My adventures since I wrote to you three days ago have been such as the time would easily contain; I walked yesterday morning with Mrs Chamberlayne to Lyncombe & Widcombe, and in the evening I drank tea with the Holders. — Mrs Chamberlayne's pace was not quite so magnificent on this second trial as in the first; it was nothing more than I could keep up with, without effort; for many, many Yards together on a raised narrow footpath I led the way. — The walk was very beau ost of the Story because it came in to advantage, but in act he only asked me whether I were to be at Sidney Garden the evening or not. — There is now something like an en- agement between us & the Phaeton, which to confess my railty I have a great desire to go out in; — whether it will me to anything must remain with him. — I really believe is very harmless; people do not seem afraid of him here, d he gets Groundsel for his birds & all that. — My Aunt

BATH

May 26th 1801

Miss Austen
The Revd F. C. Fowle's
Kintbury
Newbury

I will engage Mrs Mussell as you desire. She made my dark gown very well & may therefore be trusted I hope with Yours — but she does not always succeed with lighter Colours. — My white one I was obliged to alter a good deal. Unless anything particular occurs I shall not write again.

will never be easy till she visits them; — she has been peatedly trying to fancy a necessity for it now on our ac- counts, but she meets with no encouragement. — She ought be particularly scrupulous in such matters, & she says herself — but nevertheless — — — — — Well — I am come home om Mrs Lysons as yellow as I went; — You cannot like our yellow gown half so well as I do, nor a quarter neither. r Rice & Lucy are to be married, one on the 9th & the other on the 10th of July. — Yrs affec:ly J.A.

图 4.4

-

简奥斯汀，给卡桑德拉的信，1801 年 5 月 26-27 日，展开状态。

-

汉普郡简·奥斯汀故居图书馆。

籍出版成本的一半——使得无论是写书还是写信，作者对待他们用的物质媒介都非常敏感。这种态度有多次明显的表现，奥斯汀在信中专门请读信人暂停阅读，仔细看看所读内容的载体，看看写信所用纸张的质地和尺寸。在这层对纸张的敏感意识之上，还多了一层对于书写工具状况的自觉认知——比如，纸上鹅毛笔的字迹，或锐利或圆润，都要和墨水协调一致。在圆珠笔时代到来之前，女性抄录员的手必须相当灵巧才行。比如，鹅毛笔有时特别难用。用得狠时，最多一周就要进行修理才能继续使用。

简言之，现代人读到根据十九世纪初的手稿印刷的书时，会忘掉很多东西；但如果当时的人能读到这些书的话，由于种种原因，肯定会记忆深刻——这里指的是，当时人们收寄的信都是实在的物体，而不是无形的文本。这些物体属于物质世界，倾注了人们的劳动。奥斯汀对书写技术精工细作的态度尤其体现在她节省纸张的各种本事上，这些似乎是她写作时慢慢培养出来的。她惜纸如金，很少用超过一张纸写信。每次都是占用本该留白的空间硬塞下更多字——在正面顶部日期的上方写几句（倒着写），或在正面的行间写几句，或交叉着写，也就是文字方向垂直于上一段——这样就能一页当两页写（图 4.4）。在奥斯汀的《爱玛》中，简·费尔法克斯被刻画成特别擅长"画格子"的形象，贝茨小姐形容她的外甥女每周从伦敦给海伯里写的信时说："她通常写满一页，又划掉了半页。"（《爱玛》，第 19 章）

这位摄政王时期的女士，连说起 1883 年的一篇杂志文章都满是怀旧之情，这点与我们截然不同。她"满怀诚意，要给朋友传递'她最细致的记忆'，为此先酝酿了好几天，然后用工整的描述填满了信纸的每一个角落"。[1] 这位维多利亚时代的评论家清楚，由于 1840 年后施行"寄遍全英一便士"，所以她所承担的邮

1 "信件和信件作者"（Letters and Letter Writers），《工作与闲暇：英国女性的广告客户、记者和公报》（*Work and Leisure: The Englishwoman's Advertiser, Reporter, and Gazette*），卷 8，1883，p. 242。

图 4.5

-

摇铃收信的邮差，威廉·亨利·派恩，《微缩世界》(阿克曼，伦敦，1827 年)。

-

牛津，博德利图书馆，8° D 432 BS。英格兰、苏格兰及爱尔兰，第 1 卷，p100。

图 4.6

-

约翰·海默尔，B 先生发现帕梅拉正在写作，塞缪尔·理查德森《帕梅拉》插图（1740 年）。

-

泰特现代艺术馆，伦敦。

费是很低廉的，但奥斯汀时代的邮费（以重量和距离计）却是史上最高。

比如，1797 年从伦敦往爱丁堡寄一封单页的信，邮费是 7 便士。经过多次涨价，到 1812 年时，已经涨到了 1 先令 2 便士。[1] 高昂的邮费是决定信件外观的关键因素：上文所述的对纸张的敏感和各种省纸的技巧都是必然产物。邮费是到付的：十八世纪和摄政王时代，邮差在交信时收取邮费（图 4.5）。因此，1800 年 11 月 12 日（信件编号 26）奥斯汀向她的朋友玛莎·劳埃德致谢，感谢玛莎用自己的零花钱为她寄过去的信付邮费。因此花在“你为出席赫斯特本的舞会而新作的雅致礼服”上的钱就少了 3 便士。

历史学家罗杰·夏蒂埃说“写信的真正主题”，“是信的书写”。[2] 在奥斯汀的时代，这种递归式的表述有一种表现形式：写信人在开篇就列出一张账单，用债权债务的术语记录着信上字少的人“欠”字多的人的具体字数。[3] 奥斯汀在 1798 年 10 月的一封信中表示愧疚，说自己写的信跟卡桑德拉那书写紧凑的信比起来，实在“字大行稀”。事实上，在和姐姐二十年的通信生涯中，她经常表示这种歉意。奥斯汀表示，亦姐亦友的卡桑德拉写信时，钱花得更值：“我会努力让你为这封信花的钱比上一封更值。上封信写得太糟糕了，我觉得马歇尔先生都不应该向你收邮费”[1799 年 1 月 21-23 日（信件编号 18）]；“谢谢你写了这么多；让我花一封信的邮费读到了两封的内容”[1807 年 1 月 7-8 日（信件编号 49）]；“我一定不会去数你上封信的行数；你让我不得不

1 肯·坎贝尔 - 史密斯，《邮政大师：皇家邮政正史》(*Masters of the Post: The Authorized History of the Royal Mail*)，Allen Lane，伦敦，2011，p.106。

2 罗杰·夏蒂埃，“引言”，收录于罗杰·夏蒂埃、阿兰·布罗、塞西尔·多芬（编辑），《通信：中世纪到十九世纪信件写作范例》(*Correspondence: Models of Letter Writing from the Middle Ages to the Nineteenth Century*)，普林斯顿大学出版社，普林斯顿，新泽西州，1997，p. 19。

3 奥尼尔指出，“人们对信件字数越来越锱铢必较，特别是因为 [皇家邮政服务改善后] 不寄信的借口变少了” [《拆开的信》(*The Opened Letter*)，p. 121]。

承认我做得不对”[1812 年 11 月 29-30 日（信件编号 77）给玛莎·劳埃德的信]。

女性作品

在《诺桑觉寺》中（第 3 章），亨利·蒂尔尼对凯瑟琳·莫兰说，“众所公认，能写出令人赏心悦目的书信，这是女人特有的才具。”这番殷勤说辞并非空穴来风，人们一向认为女性更适合书信体——书信体小说是以女性为中心的一种小说体裁。其中的女主人公们颇受写作困扰，因为她们在尽力展示自己写作才能的同时还要保证有足够纸张可用（**图 4.6**）。通常而言，相比于虚构角色，人们对现实中的女性书信作者赞誉更多，比如十七世纪的贵族女性塞维涅夫人，她的书信曾得到布莱尔的称赞（**图 4.7**）。人们对健谈的女性的尊重，更是将书信体小说与女性联系在一起。毕竟，写信并非人们传统观念中的写作；书信的地位处于文学的边缘，而文学则是精英男性的专利。当时很多信件写作指南的作者详细阐述了一种矛盾的观点：他们所教授的书信艺术，应用时要了无痕迹，即使学到了文雅的修辞，也不宜在信件中使用（**图 4.8**）。H.W. 迪尔沃思在《1783 年信件写作指南全书》[1] 中说，“给朋友写信时，应直抒胸臆，不宜 藻绘句。因为朋友肯定更乐意看你直言所想，不愿看你雕琢词句。”

海斯特·皮奥齐在约翰逊通信集前言中说，信件是“纸上展开的老友闲谈，为的是给远方的朋友带来益处或愉悦”——这种定义会让她的读者预感到，相比于约翰逊博士著名的“交谈以取胜”风格，她的文字会更为温和、更女性化。

1 W.H. 迪尔沃思，“引言”，收录于《信件写作或年轻秘书工作指南完整版》，格拉斯哥，1783，p. 3。

但是，对于当时认为女性天生喜欢写信的老生常谈，亨利·蒂尔尼其实并不同意。他评论道，就他见过的实例来说，女性写信，“除了三点以外”，通常都是完美无缺的。此言一出，即使反应稍慢的凯瑟琳·莫兰，也逐渐认识到他之前的恭维之词有多么虚伪。“内容普遍空洞无物，完全不懂适可而止，经常忽略语法规则。”平淡无奇、视野局促、波澜不惊的日常生活，无论写什么主题都是乏味的——即亨利所谓的“空洞无物”——这确实是女性亲友间通信艺术的本质缺陷。奥斯汀在信件的开头或结尾也经常直言这种困境：“可是要说些什么呢？我可得长话短说，不然就会显得絮絮叨叨、琐碎可笑了”[1808 年 6 月 15 日（信件编号 52）]；“考虑到素材的匮乏，我真的要自夸一番，这封信算得上是精妙了”[1807 年 2 月 9 日（信件编号 50）]。从这个角度讲，信件与小说是连贯的。因为即使平淡无奇的生活也可能甚为重要，所以素材的稀缺并非叙事艺术的真正障碍，这便是两种文体的现实主义基础。[确实，《诺桑觉寺》的叙述者虽然有时抱怨莫兰家人“总是生活平常，感情平淡”（第 2 章），认为他们没有其他角色的多愁善感，但这位叙述者自己却展示了仿佛茶壶里做道场的叙述技巧。] 正如奥斯汀意识到的那样，女性通信者经常不得不拿一点点碎片信息当素材，给很多个人写很多封信：当奥斯汀家的女人们在乔顿庄园缝制拼缝棉被时（图 4.2），这种节俭的艺术、少用料多产出的本

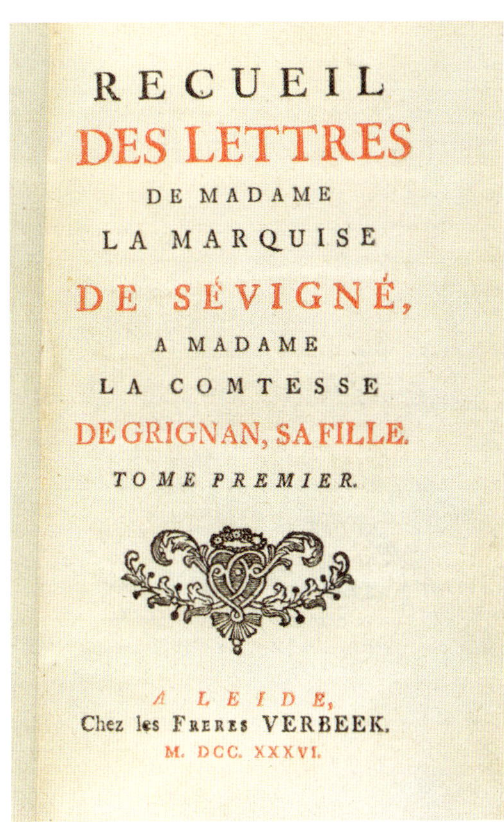
RECUEIL
DES LETTRES
DE MADAME
LA MARQUISE
DE SÉVIGNÉ,
A MADAME
LA COMTESSE
DE GRIGNAN, SA FILLE.
TOME PREMIER.

A LEIDE,
Chez les FRERES VERBEEK.
M. DCC. XXXVI.

图 4.7
-
塞维涅夫人《书简集》卷首插画和扉页 (Frères Verbeek.Leiden, 1736)，牛津，Taylor Institute Library, VET.FR.II.A.69 (t.1).

图 4.8

-

卷首插画，《通用信件写作或礼貌通信艺术指南》（1808）。

-

领就因此更为突出，这也是女红与女性通信文化的关联之处。

十九世纪初的另一位靠写作谋生的女性，小说家阿梅莉亚·奥佩晚年时曾宣称，要不是她当初就决定把写信当作一种乐趣而非一种负担的话，“可能早就一命呜呼了，死亡报告里注明的大概就是‘写信而亡’”。[1]

之所以是负担，部分原因在于无论是否有值得写的新闻，都不得不写——这还不算来往信件的书写量要相仿才行。这一时期，写信基本上是女人们的工作——特别是闺阁中的小姐们——要和家庭远亲保持联系，以此确认彼此间确有联系。“变化渐多”：1987 年，人类学家米凯拉·迪·莱奥纳多注意到，当代美国女性要用大量的时间和技巧来做“亲属工作”——“家庭间亲属关系的规划、维护和庆祝仪式，包括拜访、写信、打电话、送礼物和寄卡片等”。[2]

根据奥斯汀研究学者德博拉·卡普兰的观点，女人们写信做联络工作——比如，履行做女儿的责任，把父亲的口信带给哥哥，告诉他羊皮的价格［比如 1798 年 11 月，奥斯汀在她哥哥爱德华的肯特郡庄园里写信给卡桑德拉（信件编号 11）］——这种信件被视为“合作写就”最贴切不过了。女人们常常把男性亲属的兴趣当成是自己的兴趣；在女性给熟人写的信中，“我”可能很快转化成“我们”。[3]

那么，如果奥斯汀写给家族圈内其他成员的信件不是直抒胸臆、自我表达和坦白的工具，如果像休·布莱尔可能认为的那样，奥斯汀在这个谈话场所中说话时表露的不是“真性情”，那么部分原因在于，在奥斯汀的时代，人们时常要求女性在写信时

1　塞西莉亚·露西·布莱特维尔，《阿梅莉亚·奥佩人生回忆录》，Fletcher、Alexander，诺里奇，1854，p. 334。

2　米凯拉·迪·莱奥纳多，“卡片与假日的女性世界：女性、家庭及亲属工作”（The Female World of Cards and Holidays: Women, Families, and the Work of Kinship），Signs，卷 12，no.3,1987，pp. 440-53（p. 442）。

3　德博拉·卡普兰，《女性中的简·奥斯汀》（*Jane Austen Among Women*），约翰·霍普金斯大学出版社，巴尔的摩，马里兰州，1992，pp. 47-8。

代表别人讲话。奥斯汀的信中时常为她的子侄辈留出空间，让这些小辈们留下自己的痕迹。信中偶尔也不得不提及各种物品。在1800年11月8—9日的信中（信件编号25），身处肯特郡的卡桑德拉从她妹妹写于汉普郡的信中得知，新桌子已经到了，“都蒙着绿色台面呢 & 送上它们的祝福”。1805年8月24日的信（信件编号45）同样古怪有趣，卡桑德拉得知她的白色露指长手套找到了：“叠在我干净的睡帽里了，它们向你致敬”。

这些健谈的桌子和手套很可能向很多人表达了敬意：因为“信件是某些圈子内的共有财产……写给一个人就相当于写给所有人”。[1] 在和贝茨小姐边喝茶边讨论简·费尔法克斯的信时，爱玛礼貌地夸奖“费尔法克斯小姐的书法好极了”——即使“密密麻麻”，也能一望便知（《爱玛》，第19章）——原因正是简的姨妈总把信拿给她的朋友们看。《爱玛》的前几章中也写过类似的情况，弗兰克·丘吉尔写给新婚继母的贺信就像丘吉尔先生自己一样，立刻成了“海伯里众多值得夸耀的事情之一”：“一连几天，海伯里串门拜访之间的寒暄中都少不了提到维斯顿太太收到的那封信……那准是一封美好的信”（《爱玛》，第2章）。信件从最初收信人手中传出，历时甚久，流传甚远，阅者甚多。通过这个过程，信件也促成了群体范围的确定（这个群体对信件内容中可用的谈资分外敏感，并善于将书信对话转变成面对面的聊天）。这同样是信件的功能。奥斯汀的同时代人玛丽·罗素·米特福德认为，信件在各家之间流传，“颇类似乡村报纸在村庄各户之间传阅”。因此就出现了米特福德在1811年的同一封信中说明的情况。一封她写给一位叫R小姐的信——寄往伦敦——“居然被她借给一位共同的朋友，又送回给了我自己”。[2]

1 奥尼尔，《拆开的信》，p. 42。

2 《玛丽·罗素·米特福德人生故事》（*The Life of Mary Russell Mitford*），本人自述及给友人的信，编辑：A.G.K.L’Estrange，2卷本，哈珀出版社，纽约，1870，卷1，p. 123。

米特福德的轶事和《爱玛》中所描述的书信事件一样，与私人通信秘密不保的寻常故事有所不同。这种故事是她和奥斯汀少年时读过的通信体小说中的常见主题。在那些故事中，只要信件落在了收信人之外的人手里（几乎是固定剧情），就肯定会有发生悲剧。比如，奥斯汀的《理智与情感》就重现了这个十八世纪的情节。玛丽安到伦敦后，通过当地的便士邮政寄信给威洛比。信件被人拦截，截信的正是在威洛比进城后和他订婚的女继承人，其后果则是玛丽安受到了羞辱。

不过奥斯汀本人信件的遭遇倒不似《理智与情感》中的故事，反而更像米特福德描述的轶事。信件继续着它们的旅行，从手稿变成了印刷品，很多内容都在途中丢失了。但即使如此，奥斯汀通信集的故事也给了我们很多启发。比如，我们知道了女性亲友通信的收信地址可以被轻易更改，并被越来越多的读者据为己有。我们也从这则故事中知道，这些信件的作者也随时准备把自己当成社交圈中的连接点。

Novelist

凡世小说家——“精雕象牙的匠人”

of which I Sincerely give you joy, my Dear ch
Can ever express the thankfulness of my heart
Belov'd A—g—s in the most perfect Health & S
Mr W— enjoys the same, and added to you
Him, by appearing even better than when he
Son does. pray make my congratulations and
With those of the Nuns, acceptable to him, a
from them yourself. The frightfull Paragra
in the Papers ~~was~~ on Saterday of the Guards be
West Indies, I hope & trust is totally groundl
almost sick at the Idea — the Agent in Town t
(May 18th) that he does not in the least belie
Myself, my dear freind, the Meeting of Mr W.
Little ones — and truly participate in your joy
To last, and daily to encrease. I fear the S.
Father will renew those difficulties Mr W. be
and that in this respect your present Comfort a
Mr W. situation on Every account must rend
For him to be known in visiting Mr P. — yo
On this, my dear, and too much caution can
Pray does S—y take up her abode in N—
Or only come to him of days? — tell me
Sick of France and French Madness? —
I had a letter a few days ago from Barbad
With particular accounts of the dreadfull Sc
Been acting in Grenada & St Vincents — by
-tigated by the french — their Massacring M

5 战争时期的女性写作

凯瑟琳·萨瑟兰

1915 年 4 月，鲁伯特·布鲁克从东地中海给英国的家人写信：

我描写不出我的生活。它毫无特色可言。这种生活只有奥斯汀小姐能写出点什么来。我们在蔚蓝的大海上往来游弋、忘掉战争——我得走了，去检查我们排的信件。[1]

2017 年的我们与 1914—1918 年的世界大战之间的历史距离，约等于当时的人们与百年前的上一场大战之间的时间跨度。那场英法鏖战跨越法国大革命和拿破仑时代，从 1793 到 1815 年肆虐了 22 年之久，只在 1802—1803 年间有过短暂的休战。简·奥斯汀的整个成年时代几乎都处于战争时期。在十九世纪，人们也把那场大战称作“世界大战”，双方往来攻杀的战场也正是百年后的沙场：法国、意大利和西班牙，低地国家、中欧和中东。1795—1815 年间的大战波及全球，西至美国，东到印度。1914—1918 年间，躲在战壕里的士兵们，阅读的正是上一场大战时期作家的作品——华兹华斯、拜伦和奥斯汀。在他的经典著作《伟大战争及现代回忆》中，保罗·福塞尔对各种描绘

1 《鲁伯特·布鲁克信件集》(*The Letters of Rupert Brooke*)，编辑：杰弗里·凯恩斯，费伯出版社，伦敦，1968，pp. 680-1。

了 1914—1918 年间英国景况的各种文学体系进行了研究。他从中发现了一种特殊现象，将其称为“现实生活中的奇特文学性”。那些战壕中的将士们的种种行为充分证实了这一点：战地邮局将各类小说、诗集、讽刺漫画杂志《笨拙》和《乡村生活》杂志的最新一期，以及古董目录定期送往伊珀尔和索姆河的战壕；[1] 伊珀尔前线的英国士兵自己写稿，印刷并发行《维伯斯时报》；罗伯特·查普曼和平时期是伦敦克拉伦登出版社的社长助理，战时则是炮兵军官。

他在巴尔干履职期间，筹划并完成了学校版《曼斯菲尔德庄园》和《爱玛》（对页图 5.4 细部）。战壕诗人威尔弗雷德·欧文、埃德蒙·布伦登、埃杰尔·里克沃德对传统体裁和主题——爱情、自然和宗教——进行了尖锐的修正，对于文学和生活之间的关系来说这种修正，可能并非批驳，而是一种检验，而且在这个过程中，重塑了让人感到宽慰和熟悉的东西，消除了疮痍尘世给人带来的苦痛。身处 2017 年回望这个时代，可以发现仔细阅读、反向阅读、终身阅读和有违本意的阅读。而引人瞩目的则是漏读——漏读是因为一目了然却视而不见；其中就不乏奥斯汀显而易见的战时幻想。

1914—1918 年间，奥斯汀的社会幻想更显重要，因为她虽然看似与战争绝缘，却描绘了一个值得浴血捍卫的英国：在她的想象中，英国是个古老的村庄，围绕在大宅和教堂的周围。1917 年 7 月，雷金纳德·法雷尔在一篇百年纪念颂词中如此说道：

彼时所有深重苦难，于简·奥斯汀处皆荡然无存。一旦握笔在手，她就为我们创造新的王国，隔绝俗世的艰难困苦。她的王国遗世独立，其坚韧不朽之力量正源于此；滑铁卢之役前一年，

1 保罗·福塞尔，《伟大战争及现代回忆》，牛津大学出版社，纽约、伦敦，1975，pp. ix、66-7：“邮政系统把官兵常看的杂志送到部队：只要改一下地址，就能如期送达。”

《曼斯菲尔德庄园》出版，后一年，《爱玛》面世。每念及此，顿感宽慰，雄心满怀。[1]

奥斯汀似乎对公共事件一无所知，这也是大众和评论界对她的印象。玛里琳·巴特勒将之恰当地描述为她对各种思想的"慎重"态度。这种无知甚至是有利于她的：同时代的女作家如玛丽·沃斯通克拉夫特、玛利亚·埃奇沃思可能会通过小说来推动女性教育和经济解放事业。相比之下，奥斯汀对"'主题'淑女式的回避总被人们看作是她艺术才能的证明"。[2] 在她的时代，党派政治对艺术的影响很大。1917 年，她的读者们正在急迫地寻求避风港。在他们看来，奥斯汀绝不是个"主题"写作的小说家，她甚至没有意识到自己正处于战争年代。

这怎么可能？动荡的时局直接影响了几位奥斯汀家族成员的人生。十八世纪八十年代，简那位美丽动人的表姐伊莱扎·汉考克在巴黎生活。这期间她遇到了德·傅伊利德这位自封的伯爵，他正在法国皇家龙骑兵团中担任上尉，两人结为夫妻。伊莱扎经常去史蒂文顿拜访奥斯汀姐妹。1789 年的一天，她又到了英国。刚过了几天，巴黎市民就在 7 月 14 日攻占了巴士底狱。虽然她本人躲过了法国大革命这一劫，但丈夫却在 1794 年被送上了断头台。伊莱扎后来嫁给了简的哥哥亨利。1802 年短暂的休战期间，她回到法国，试要回伯爵亡夫被没收的财产，但没有成功。亨利和伊莱扎在伦敦定居，不过他们与那些法国流亡者仍然过从甚密。简·奥斯汀定期拜访他们时，也和流亡者们待在一起，参加他们的慈善音乐会，听闻他们的不幸遭遇，并称自己乐于"看

1 雷金纳德·法雷尔，"简·奥斯汀，卒于 1817 年 7 月 18 日"（Jane Austen, ob. July 18, 1817），《季度评论》（1917 年 7 月），收录于布莱恩·索瑟姆（编辑），《简·奥斯汀：批判的遗产》（*Jane Austen: The Critical Heritage*），卷 2，Routledge & Kegan Paul，伦敦，1987，p. 249。

2 玛里琳·巴特勒，"历史、政治与宗教"（History, Politics, and Religion），收录于 J. 大卫·格雷（编辑），《简·奥斯汀手册》（*The Jane Austen Handbook*），Athlone，伦敦，1986，p. 194。

图 5.1

简和卡桑德拉的哥哥查尔斯1801年用海军奖励金给她们买的两个十字架。

汉普郡简·奥斯汀故居图书馆。

到法国人圈子的生活方式”。[1] 之后多年中，她在信里经常提到亨利和伊莱扎的流亡者管家 Bigeon 太太，还在遗嘱中给她留了 50 英镑（和给亨利的金额一样）。

简·奥斯汀的成年时代和拿破仑的崛起、败亡正好同时。他们几乎是同时代人：她的在世时间是 1775—1817 年；拿破仑是 1769—1821 年。她的两位哥哥弗兰克和查尔斯都是海军，服役期间正值法国大革命战争、拿破仑战争和 1812 年第二次美国独立战争。他们寄回家的礼物有——“金链子、黄水晶十字架”。他们因夺取敌舰有功受到了海军的奖励，礼物是用奖励金买的（图 5.1）——也有信件，寄出地包括东印度群岛、西印度群岛、中东、地中海、北海、波罗的海和北美海域；简和卡桑德拉·奥斯汀也有回信：从乔顿寄出，寄给“波罗的海，英国皇家海军大象号，奥斯汀舰长”，她们也往中国寄过信。[2] 弗兰克·奥斯汀是老人星号旗舰舰长，他的船和另外五艘风帆战列舰被纳尔逊将军派出，进行再次补给。

1805 年 10 月 27 日，他给未婚妻玛丽·吉布森写信，表示错过了六天前的特拉法尔加海战，感到非常沮丧：

1 简·奥斯汀，1811 年 4 月 18—20 日，信件编号 70，参见戴德尔·林奇，《简·奥斯汀的“古怪表姐”：伊莱扎·德·傅伊利德生平与信件》，大英图书馆，伦敦，2002。

2 简·奥斯汀，1801 年 5 月 26—27 日，信件编号 38；1813 年 7 月 3—6 日，信件编号 86；1809 年 7 月 26 日，信件编号 69。

图 5.2

-

英国皇家海军老人星号航海日志，1805 年 10 月，记载纳尔逊海军中将在特拉法尔加海战中阵亡的记录条目，由舰长弗兰克奥斯汀保管。

-

英国国家海事博物馆 MS.AUS/2B. 英国国家海事博物馆，格林尼治区。

我军再次取胜，身为国人自是欢欣不已。但当时我等远离战阵，此为一大憾事。此役我军完胜，战功彪炳，远超以往。而我等要务在身，竟无缘参战。每念及此，甚觉懊恼。[1]

奥斯汀在《劝导》中（第 3 章）帮哥哥弥补了这个缺憾，让白色中队的克罗夫特少将（另有红色和蓝色中队）为纳尔逊将军的胜利出了力。弗兰克·奥斯汀的妹夫弗雷德里克·温特沃斯由于参加了 1806 年 2 月圣多明各附近的海战而被晋升为海军上校（第 4 章），彼时弗兰克正在那里指挥老人星号。在《曼斯菲尔德庄园》中，奥斯汀致敬了她几位兄弟的四艘战舰：老人星号、恩底弥翁号、克娄巴特拉号和大象号。她以弟弟查尔斯为原型，塑造了范妮·普莱斯的水手哥哥威廉。[2] 在 1813 年 10 月 12 日的信中，她打趣道："骚塞的纳尔逊传记；——我对纳尔逊传记很厌烦，从来没读过。要是里面提到了弗兰克的话，我倒是会读一读。"（图 5.2）[3]

奥斯汀的战时幻想既未超脱现实，也不局限于现实；人们之所以对她的反应视而不见，是因为她专注于从日常现实的角度来记录事件——那时的女性和男性的日常生活，就是在家中等待着在海外作战的兄弟或丈夫的来信，或者阅读陆军和海军花名册，寻找官兵阵亡及进衔的通告，或者翻阅报纸查找相关新闻。在法国大革命战争期间，《泰晤士报》设立了海外新闻办公室。

1 引用于约翰·H、伊迪丝·C. 哈巴克，《简·奥斯汀的海军兄弟们：巴斯勋位大十字勋章骑士，海军元帅弗兰西斯·奥斯汀爵士，以及海军少将查尔斯·奥斯汀的冒险》（*Jane Austen's Sailor Brothers: Being the Adventures of Sir Francis Austen, G. C. B., Admiral of the Fleet, and Rear-Admiral Charles Austen*），John Lane，1906，p. 156。弗兰克的长篇系列信件从 10 月 15 日开始写，一连写了三周，只有誊写稿留存；具体内容引用见布莱恩·索瑟姆，《简·奥斯汀与海军》（*Jane Austen and the Navy*），第二版，国家航海博物馆出版社，格林尼治，伦敦，2005，pp. 98ff。

2 四篇都收录在《曼斯菲尔德庄园》中，第 38 章；弗兰克曾在老人星号和大象号上服役，查尔斯曾在恩底弥翁号和克娄巴特拉号上服役。参见 1813 年 7 月 6 日给弗兰克的信（信件编号 86）："我写了些东西——虽然不怎么有趣，但希望凭着 P.&P 能卖得不错。顺便说一下——你介意我提一下'大象号'，还有两三篇关于你早前服役的'舰船'的文章吗？——其实我已经写完了，但如果会惹你生气，我就把它们去掉。——只是提了一下而已。"

3 信件编号 91。

82 69

81 69

.81 69½

The Weazle made Telegraph Signal, "Enemy defeated, but our Fleet off Cadiz in
want of Assistance."

½ past Noon Captn. Parker of the Weazle came on board, and brought the informat
as follows; "On Monday the 21st. Instant at 11 A.M. the British Fleet under
command of Vice Admiral Lord Viscount Nelson (consisting of 27 Ships of
Line) brought the combined Fleets of France and Spain (consisting of 33 Ship
the Line) to close Action, which after an arduous contest of 5 hours, termin
-ted in a complete Victory on the part of the Former, the Enemy having
17 Ships captured & one burnt; amongst the former were two Spanish first
and the French Commander in chief's Ship— Our loss though not accurately
-certained was known to be great in Men; and unfortunately for his
72 69 Country which can never sufficiently lament his loss, or too highly honor
memory, at the head of the list stands the name of the gallant Nels
Great and important as must be the victory, it is alas! dearly purcha
at the price paid for it.— Never could England boast a naval Comm
so eminently qualified for maintaining her superiority on the seas, as
her Nelson.— To the soundest judgement he united the most prompt deci
.89 68½ and active energy, and possessed the happy talent of conciliating the
regards of all ranks of Officers and Men under his command, without
losing sight of what was due to the service— witness the exertions, till that
-ment unknown, made at different times by his Squadron to comp
their water and prepare for sea in a shorter period than could have been
90 68½ supposed possible— His Memory will long be embalmed in the hear
of a grateful Nation;— May those he has left behind him in the se
strive to imitate so bright an example!!!

1799年，英国《海军编年史》开始发行。这本月刊内容包括当前记录、沉没、被毁、被俘战舰名录、海军诗歌，以及著名水兵的传记——换句话说，它是实用信息、新闻和文学的混合体——《海军编年史》宣称的目的，是把水兵和大众读者群融合起来（图5.3）。送回国的各种新闻和信息显示，身处不同战场的官兵并不清楚其他战场的情况。虽然如此，通过手写和印刷的战时通信，远方的将士还是把战役的情况传回给了伦敦、爱丁堡和汉普郡的村庄。战争遍布全球，到底哪里是前线？情报汇集回本土（这里指英国），再由此传播出去。奥斯汀在国内虽然无法即时了解战事的进展，但是在官方通告、战争新闻和高效的邮政服务的帮助下，她有办法了解比以往更详尽的战事情况。“比任何一位参战人员都更了解战局动态”。[1]当然，有时很久都没有新闻，有时事件发生后很久才能看到报道：看海军花名册，只能知道兄弟或丈夫一个月前还活着；1798年10月2日，伦敦《泰晤士报》发表“新闻”：纳尔逊在阿布基尔湾获胜，摧毁了法军舰队。此时距海战已有三个月。当时不像1914年一样有电报，也不像2003年伊拉克战争时一样有卫星通信；但是在当时间接的、以家庭为中心的战争体验中，开始出现一些我们可以称之为现代的特点。

1799年9月9日，上将亚历山大·梅特兰爵士的妻子佩内洛普·梅特兰在伦敦北部的托特里奇写了封信。收信人是年轻的夏洛特·韦斯特，她当时住在伦敦肯辛顿的汉斯广场44号。信中说了随部征战荷兰的梅特兰和他一个儿子的近况。

亲爱的韦斯特太太，就在不到半小时前，我刚收到了亲爱的奥古斯塔斯的来信，是4号写的。他让我转告你，说韦斯特上校

1 玛丽·法夫雷，“战争通信：阅读浪漫的战争”（War Correspondence: Reading Romantic War），《散文研究》（*Prose Studies*），卷19，1996，pp. 173-85（p. 177）。

SIR, *Petterell, at Sea, March 22.*

I have to inform you, that the vessels with which you saw me engaged yesterday afternoon, near Cape Couronne, were a ship, brig, and xebecque, belonging to the French Republic; two of which, the ship and xebecque, I drove on shore, and after a running action of about one hour and an half, during which we were not more than a cable's length from the shore, and frequently not half that distance, the third struck her colours. On taking possession found her to be La Ligurienne, French brig of war, mounting 14 six-pounders, two thirty-six pounder howitzers, all brass, commanded by Citizen Francis Auguste Pelabon, Lieutenant de Vaisseau, and had on board at the commencement of the action 104 men. Though from the spirited conduct and alacrity of Lieutenant Packer, Mr. Thompson, the Master, and Mr. Hill, the Purser (who very handsomely volunteered his services on the main-deck), joined to the gallantry and determined courage of the rest of the Officers, seamen, and marines, of his Majesty's sloop under my command, I was happily enabled to bring the contest to a favourable issue; yet I could not but feel the want, and regret the absence of my First Lieutenant Mr. Glover, the Gunner, and thirty men, who were at the time away in prizes. I have a lively pleasure in adding, that this service has been performed without a man hurt on our part, and with no other damage to the ship than four of our carronades dismounted, and a few shots through the sails.

La Ligurienne is a very fine vessel of the kind, well equipped with stores of all sorts, in excellent repair, and not two years old; is built on a peculiar plan, being fastened throughout with screw bolts, so as to be taken to pieces and set up again with ease, and is said to have been intended to follow Bonaparte to Egypt. I learn from the prisoners, that the ship is called Le Cerf, mounting 14 six pounders, and the xebecque Le Joiliet, mounting six six-pounders; that they had sailed in company with a convoy (two of which, as per margin *, I captured in the forenoon) that morning from Cette for Marseilles. I inclose a list of the killed and wounded, as far as I have been able to ascertain it And am, &c. F. W. AUSTEN.

R. D. Oliver, Esq. Captain of his Majesty's Ship Mermaid.

Return of Killed and Wounded in an Action between his Britannic Majesty's Sloop Petterell, Francis William Austen, Esq. Commander, and the French National Brig La Ligurienne, commanded by Citizen Francis Auguste Pelabon, Lieutenant de Vaisseau.

Petterell—None killed or wounded.

La Ligurienne—The Captain and one seaman killed; one garde marine and one seaman wounded.

* French bark (name unknown), laden with wheat, about 250 tons; abandoned by the crew.

A French bombarde (name unknown), laden with wheat, about 150 tons; left by the crew.

图 5.3
-
《海军编年史》，第 3 期（1800 年），p. 410
英国皇家海军海燕号舰长 F.W.（弗兰克）奥斯汀写于 1800 年 3 月 22 日，描写了追击并夺取法舰利古里亚人号的过程。
-
牛津大学博德利图书馆，Hope adds.480.

健康安好。尽管我还有几封重要的信函待回复，但还是忙不迭地要告诉你这个喜讯……

亲爱的女士，你我所受的煎熬，真是一言难尽——唉！看不到头！但仁慈的上帝一直庇佑着我们，愿我们能由衷地感谢他难以言喻的圣恩！我们的朋友们在荷兰（与英国部队一道）立下了不朽的功勋，我谦卑地希望并相信他们终将凯旋，带着浴血战斗赢得的荣誉——这是实至名归的，因为谁都不曾像他们一样竭尽全力。

他们还在沙地上躺了三夜（我的奥古斯塔斯说“非常冷”），不出所料，官兵们都冻出了腹泻。我儿子说他也有点症状，我很忧心。但他又说住进村庄之后可能病就好了。[1]

她的下一封信邮戳时间是 1799 年 9 月 30 日，又提到了更多的内容：

亲爱的韦斯特太太，我昨天很高兴，又收到一封儿子从荷兰寄来的信，是这个月 13 号从佩腾寄出的。

要不是一同寄给将军的还有另一封 20 号写的信，就是最近一场鏖战之后一天，我肯定还在提心吊胆。他那么忙那么累，还抽空写信报平安，真是体贴人——打了三场仗还安然无恙，我真不知怎么感谢上帝才好！——一连两周他都和衣而睡——但我始终揪着心。似乎每前进一寸都要苦战一场，压根不是一开始想的那样——这显然证明了我们国人受到了欺骗，以为荷兰很好打。奥古斯塔斯委托我转告你，我亲爱的朋友，韦斯特上校安然无恙。历经战斗和艰苦磨难，他依然毫发未损。在昨天寄出的回信中，我把我所知道的和你告诉我的你的近况，都高兴地写了进去。

1 博德利图书馆，牛津，《梅特兰通信》(*Maitland Correspondence*)（未列入目录）。

图 5.4

-

梅特兰太太给韦斯特太太的信，1795 年 5 月 4 日，fol. 2r.

-

牛津大学博德利图书馆，登记号 CMD 6633.

她们俩从 1783 年就开始通信了，那时夏洛特还是佩里小姐。她父亲桑普森·佩里是位激进的报业老板[1]，1795 年因为同情自由派革命者而被囚禁在新门监狱。

这让他女儿很难堪，因为当时她已经嫁给了陆军军官查尔斯·韦斯特上尉；佩里到 1799 年仍未出狱。在女人们的信中，她们亲密如家人似的交流，从截然不同的角度描绘着战争；她们把信拿回家，一同传阅、评论，也借此相互同情或相互祝贺。她们翘首期盼邮差上门，仔细检查日期和邮戳，衡量新闻报道的真实性——“周六的报纸有篇文章真让人心惊，说部队奉命开赴西印度群岛，我希望并相信这是无稽之谈”（1795 年 5 月 4 日）——她们批评军事政策，细细品读想找出言外之意。像久经战阵的老兵一样，她们也有了自己的成见：“有人提议引入大量爱尔兰部队，并向那个本就心怀不满的国家派驻 8000 官兵，这让我十分忧心。”（1803 年 10 月 29 日）佩内洛普·梅特兰的家庭生活受战争影响极大，夏洛特对她来说是“我亲爱的军队朋友”（图 5.4）。

从奥斯汀现存的通信中，也能窥见这些难以预测又曲折迂回的人际关系网，国内与战区之间的消息就是借此传递的：

[1801 年 2 月 11 日周三] 查尔斯给我的信。上周六他刚启程不久写的（从德文郡的一个海岬寄出）并由博伊尔上校转递到波帕姆街（汉普郡的一个马车驿站）……他乘恩底弥翁号离开里斯本，由我把查尔斯对弗兰克情况的猜测抄在这里。——“他最近没见过我弟弟，并估计我弟弟还没到达，因为他在罗德岛碰到了前去接替我弟弟指挥海燕号的英格利斯上校。但他猜测我弟弟应

1 《牛津国家人物传记大辞典》，桑普森·佩里（1747-1823）。佩里在新门监狱写下并发表了《法国大革命简史》（*An Historical Sketch of the French Revolution*）（2 卷本，1796）。<http://www.oxforddnb.com/view/article/21998>，2016 年 6 月 10 日访问。

at He may
Love him
to us.
prefer this
arts!
d. you have
thize to my
her in such
be his
uld induce
f obnoxious
reasons;
d by the
he was
d his ex=
d that was
him having
after a
hang'd in
"a New
dreadfull
ituation
: he will
an Equal
ne and
iously
our dear
Continent.

of which I Sincerely give you joy, my Dear charlotte – No words can ever express the thankfulness of my heart for the sight of my Belov'd A–g–s in the most perfect Health & Spirits. and I hope Mr W— enjoys the same, and added to your happiness in Seing Him, by appearing even better than when he went, as really my Son does. pray make my congratulations and best compliments With those of the Nuns, acceptable to him, and accept the Same from them yourself. The Frightfull Paragraph which appear'd in the Papers ~~was~~ on Saterday of the Guards being orderd to the West Indies, I hope & trust is totally groundless – it made me almost sick at the Idea – the Agent in Town has said to day, (May 18th) that he does not in the least beleive it. I figure to Myself, my dear freind, the Meeting of Mr W. with yourself and Little ones – and truly participate in your joy – wishing it long To last, and daily to encrease. I fear the Situation of your Father will renew those difficulties Mr W. before experienc'd, and that in this respect your present Comfort will be interrupted. Mr W. situation on Every account must render it most dangerous For him to be known in visiting Mr P. – your all may depend On this, my dear, and too much Caution Cannot be us'd. Pray does S–y take up her abode in N— with Mr P— Or only come to him of days? — tell me, is he not yet Sick of France and French Madness? —

I had a letter a few days ago from Barbados, date april 4th With particular accounts of the dreadfull Scenes which have Been acting in Grenada & St Vincents – by the Charibs ins-tigated by the french – their Massacring Men, women & children Tearing infants from the Breast, holding them up by a Leg with one hand,

该两周内就到了，到时大概会带着拉尔夫·阿贝克隆比爵士的急件，乘坐一艘抵达英国的船。”

1805 年 4 月 10 日周三，她写信给查尔斯，“因为家母在报上读到，司天星号在朴次茅斯停泊，等待去哈利法克斯（新斯科舍省）的护航舰队”。当时他的舰队基地就在朴次茅斯；1811 年 4 月 25 日，她给乔顿写信，转述她听来的关于查尔斯的消息，说他又去了北美海域。这消息是在伊莱扎·奥斯汀住在伦敦斯隆街时举行的一次聚会上听说的：

辛普森上校听一个刚从哈利法克斯回来的上校说，查尔斯可能正率克娄巴特拉号回航，这时应该到英吉利海峡了——但辛普森上校是个酒鬼，这消息不一定可靠。——不过多少还是有些期待的，我就不给查尔斯写信了。——我倒宁愿我回家之前他还没到英国……[1]

战争期间，公共新闻和私人消息是完全没有分别的：人们在公开报道中搜寻私人讯息，私人通信中也包含大家共享的公共情报和秘闻（图 5.5）。我们可能会觉得手写信件和印刷报纸在及时性和可靠性方面有所区别，实则完全没有。正如《曼斯菲尔德庄园》中所写，登载“权威、最新海军情报”的报纸是和威廉·普莱斯的信同一天到的。

而这位海军候补少尉写给妹妹的信是军舰驶入英吉利海峡时才写下的（第 24 章）。《爱玛》中的简·费尔法克斯是个战争孤儿，她父亲是步兵军官，“在海外行动中牺牲”（第 20 章）。她对邮局的办事效率称赞不已：

1 信件编号 34、43、71。

图 5.5

-

托马斯·罗兰森，《女政客》，1809 年。

-

牛津大学博德利图书馆，Curzon b.4 (3).

［简·费尔法克斯］说道，“邮局真是个厉害的部门！”——“送信从来都是雷打不动，而且准时准点！想想他们要干那么多工作，还干得那么好，真了不起！”（第 34 章）

简·奥斯汀是第一位从大后方视角探索当代战争影响的英国小说家。可以说战争对她影响极大——自她成年以后，战争就是一件稀松平常、无处不在的事情。她的第一个出版商叫托马斯·埃格顿，专门出版军事和政治类著作。他的店址就在白厅东侧英国海军部街对面，这也许并非巧合。埃格顿接手出版

《理智与情感》，是在 1810 或 1811 年，那时他的“军事图书馆”生意已经做了 20 年了。[1] 按奥斯汀的第二本小说《傲慢与偏见》里的描写，到 1813 年时，英国南部就像个大军营一样：1793 年时还只有 17 个常设步兵营地；只过了 12 年就增加到了 168 个。[2]

她哥哥亨利曾在牛津郡当民兵，1801 年退役时已经升到了上尉。值得注意的是，尽管有被外国间谍渗透的风险，军营仍对公众开放。平民会被邀请进去观摩军事演习：“人们在军营里

1 参见凯瑟琳·萨瑟兰，“简·奥斯汀与约翰·默里和他的公司间的商业往来”（Jane Austen’s Dealings with John Murray and His Firm），《英语研究评论》（*Review of English Studies*），未作说明，卷 64，2012，pp. 105-26（pp. 106-7）。

2 杰尼·厄格洛，《在这些时期：拿破仑战争时期的英国生活，1793-1815》（*In This Times: Living in Britain Throngh Napoleon's Wars* 1793-1815），费伯出版社，伦敦，2014，p.36。

图 5.6

-

《句法博士阅兵图》，威廉库姆诗作《句法博士观光之旅》，托马斯·罗兰森绘制插图（1812 年）。

-

牛津大学博德利图书馆，13 θ 147，插图 13。

看到的是壮观的战争场景，跌宕起伏的战事进展，有声有色，如同置身战场一般。”（图 5.6）[1] 这样的“战场”作为背景，完美烘托了《傲慢与偏见》中的傻姑娘莉迪亚·贝内特被诱拐、私奔的情节。1807—1809 年时奥斯汀在南安普顿暂住，肯定也近距离观察过海军的备战活动。此时乔顿还是个寂静的汉普郡村庄，但她 1809 年 7 月迁居到那里时，乔顿已成了交通枢纽，连接着温彻斯特、戈斯波特和伦敦。如果拿破仑的军队在南边的海岸登了陆，大有可能在挺进伦敦的途中路过简·奥斯汀家门口。

在奥斯汀的所有小说中，战争都起到了推波助澜的作用：剧情因消息错误而转折、计划受到耽搁或干扰、意料之外的调解斡旋，还有盼望着来信或发生点什么的焦急等待。对于奥斯汀小说中的人物以及小说的读者来说，正是因为平常生活波澜不惊，他们才会关注不同寻常之事，才会想着从日常琐碎的罅隙中找寻生活的意义。奥斯汀的小说出版时，已经是十九世纪头十年了。那些在十八世纪九十年代初推动小说创作的宏伟思潮，此时已显得暗淡无光、毫无生机。法国曾征服欧洲大部，战争肆虐了近二十年。此时无论哪种政治信念，都普遍显现出反革命的保守主义。世人皆知奥斯汀淡泊无为，其社会背景正是在此。

奥斯汀的这种心境在《曼斯菲尔德庄园》和《爱玛》这两本成熟巨著中体现得最为明显。两本书分别写于 1811 年 2 月至 1815 年 3 月底，正值旷日持久的拿破仑战争的尾声。相比之下，奥斯汀的早期作品写于法国大革命时期，那时她受时事的影响更多一些。在 1792 年 8 月献给姐姐卡桑德拉的《凯蒂，或树荫》中，女主角凯蒂·彼得森激烈地批评女性缺少机会的现实。奥斯汀采用了论辩的方式来表述这种观点。夏洛特·史密斯在《戴斯蒙德》的前言中采用的也是这种行文方式，写于“1792

1 吉莉安·拉塞尔，《战区：1793-1815 年间的战争表现、政治及社会》（*The Theatres of War: Performance, Politics, and Society, 1793-1815*），克拉伦登出版社，牛津，1995，p.34。

年6月20日”：

但有人说政治不关女人的事——凭什么？——难道周遭变化女人能置身事外？难道处世的不是女人的父亲、兄弟、丈夫、儿子和朋友？——就算最普通的女性教育课程也会教点历史；那么，如果女性不能对现在的时事发表看法，那让她们了解历史又有何用……[1]

在很多方面，奥斯汀初期的小说都很关注当时的自由意志论政治：凯蒂拥护女性独立和经济权利——“要是一个天资不凡、感情丰富的女孩……嫁给个可能残暴、可能愚蠢，可能两者兼有的男人，却没机会评判他的性情，等年华老去，万事皆休，这难道算是幸运吗？”——她的姨妈对雅各宾派极尽夸张地冷嘲热讽，担心社会和道德崩溃在即，因而最常说的一句话，就是“一切都乱七八糟，王国的秩序马上就要崩溃了”。[2] 1793年1月21日，路易十六被处决，加速了英国对法战争的爆发。故事写在这一事件之前，足以见证青年奥斯汀在政治上的勇敢，令人称奇。与我们认为的不同，事实上奥斯汀在其写作生涯中，始终关注着英国对当时世界风云的应对——从早期作品中的社会、性别主张和自由精神，到中期为保守主义所做的辩解，一直延续到晚期（滑铁卢战役之后）对冒险的赞许。

《曼斯菲尔德庄园》中的事件与小说写作期间的现实事件是同时发生的——叙述的展开，正对应着1812年英美战争、大西洋的封锁和与法国旷日持久的冲突。奥斯汀的弟弟弗兰克在海军服役，1812—1813年间，他刚被提拔为舰长不久，在亚速尔群

---

1 夏洛特·史密斯，《戴斯蒙德：小说》（*Desmond.A Novel*），3卷本，G.G.J. & J. Robinson，伦敦，1792，卷1，pp.iii-iv。

2 《凯蒂，或树荫》（Kitty or the Bower），《卷三》，收录于《简·奥斯汀少年作品》，编辑：凯瑟琳·萨瑟兰、弗雷亚·约翰斯顿，牛津大学出版社，牛津，2017。

图 5.7

-

《十人英勇追击十七人》，1805 年 7 月，尼尔森在特拉法尔加海战之前追击法军舰队。

-

牛津大学博德利图书馆，Curzon b.4 (1).

岛和波罗的海服役。他对小说的道德风貌有重大影响。

奥斯汀在创作期间很反常地读过一篇论文：英国皇家工兵上尉查尔斯·帕斯利的《论大英帝国的军事政策及军事体制》(1810)，这也可能是弗兰克的建议。奥斯汀评价道，“这本书一开始我是抵触的，但试读之下倒发现文笔生动、颇为有趣。”[1]帕斯利从军人的常识出发，激愤地指出了英国政府面对拿破仑那残酷的战争机器时，准备不足，姑息养奸。根据他在伊比利亚半岛的作战经验，帕斯利要求采取更有效的策略、进行更高效的部队部署，并锤炼更专业的陆军。他文风平实，行文严谨却不失幽默，文字极尽嘲讽之意，这些都必定为奥斯汀所欣赏，更不用说他对英国海军的大加赞美——正因为此奥斯汀才说他是“我钦慕的第一位军人”（图 5.7）。帕斯利写道：

想要拯救我们，还有文明世界的其他国家，就必须团结一心、众志成城，才能挫败那个傲慢的征服者……要是没有先进的海军，我们已经是法国的一个省了。

但是怎么才能改善我们军事制度的缺陷，精进我们的战争技艺呢？肯定不是坐以待毙，从不敢主动击敌；也不是担心受到法军进攻，就从别国逃离；更不是在尚未弄清他是否会攻击我们的情况下，就逃之夭夭；最不应该的，就是不顾我们的士兵死活，让他们以身犯险。

令人意想不到的是，无论任务有多危险，都不会因顾及士兵的生命而放弃摧毁敌舰的机会，连一句道貌岸然的话都没人说过；但水手的生命是和步兵一样珍贵的。[2]

1　信件编号 78，1813 年 1 月 24 日写给卡桑德拉·奥斯汀的信。

2　C.W. 帕斯利，《论大英帝国的军事政策及军事体制》(*Essay on the Military Policy and Institutions of the British Empire*)，第三版，埃德蒙·劳埃德，伦敦，1811，pp. 1-2, 321-2。1914 年再次发行。

Death or Victory!!!
Why you skulking lubberly Dons & French Monkeys what are you running away for, we only want to give you an Eternal-
as you ca
Gar dare be dat tam Nelson
at Salamander dat do love to live
de fire, by Gar we make haste out
his Way, or he blow us all up:
Pub^d by C Knight Lambeth and sold at No 7 Cornhill

we shall soon bring up our
way and then as sure as my Name
Tom Grog we'll give them another
of the Battle of the Nile

Months Flip if these lubberly
Parly vous would but just stop
one half Watch

and Nelson gallant Nels
applauded shall be — Huzz

Huzza Huzza

it's d—d h
tho he won't
us help to bru
their Jacket en't
it Jack

" God like his Courage seem'd whom nor Delight

《曼斯菲尔德庄园》所讲述的就是战争期间如何协调家庭在保国守土中的作用。这是小说意识形态的基础，通过实属私人的谈话和主要角色的象征性设定表现出来：新任命的牧师埃德蒙·贝特伦；精力充沛的海军候补少尉威廉·普莱斯——他经历了“大海和战争给他带来的种种危险”（第 24 章）；内敛的范妮·普莱斯——她恪守道德，维护了家族清誉。小说的活动场景一半在北安普顿郡那座宽敞而错落有致的曼斯菲尔德庄园，一半在拥挤的朴次茅斯军港。

但小说的背景是整个世界。托马斯·贝特伦爵士远航安提瓜岛；威廉·普莱斯曾在地中海和西印度群岛作战，并将开赴北美和荷兰。朴次茅斯港是英吉利海峡的战略重镇，在当时英国城镇中防御工事最为整齐，到处都有备战的痕迹。精于世故的浪荡公子亨利·克劳福特屡次追求范妮·普莱斯都无果而终，他示好的地点遍布全城，其中有船厂（内有按法国工程师马克·伊桑巴德·布鲁内尔的设计建造的砌块制造机）、城市堡垒、礼炮阵地，还有做礼拜的兵营教堂。

《曼斯菲尔德庄园》中家庭命运的起伏就是战争期间国运的缩影。战争时期，宗教是家庭最重要的庇护——对外则服务于社会或公众。作为牧师的亲属，奥斯汀认为她的信仰在战争期间与一场改革密不可分。改革的领军人物有英国国教中的福音派、威廉·威尔伯福斯和扎卡里·麦考利等废奴主义者，还有一些“克拉朋联盟”的成员，他们致力于以身作则，重整世道人心。这次十九世纪初的改良运动在社会问题上比较保守，奥斯汀家的兄弟姐妹都参与其中。

卡桑德拉读了一些托马斯·吉斯本和可敬的汉娜·莫尔写的面向女性的福音著作，之后推荐给了简。弗兰克·奥斯汀“身为军官而在教堂下跪”，他的虔诚引起了海军上将甘比尔的注意，这位福音派名人因此当了他的庇护人。1805—1806 年，弗兰克在西印度群岛服役，其间他对虐奴行为的反感愈发强烈。亨

THE CAMPUS NAUTICA,
A GRAND NAVAL EXHIBITION,

CONTINUES open at the Great Room, Spring-Gardens, Charing-crofs, every day, from Ten o'clock till Five in the afternoon. 17 Feb 96

The fubject, a VIEW OF THE FLEET AT SPITHEAD, on the 1ft of May, 1795, in the act of getting under fail, to avoid danger from the BOYNE, of 98 guns, which had unfortunately taken fire; diverfified with innumerable groups of figures and boats, an extenfive View of the Ifle of Wight, &c.

—— " O, do but think
You ftand upon the rivage, and behold
A city on th' inconftant billows dancing;
For fo appears this Fleet majeftical!"
Shakefpear's Henry V.

Admiffion One Shilling.

*** A fire is in the Room.

图 5.8

-

“海军学院”剪报，“盛大海军展”，伦敦查灵阁 Spring Gardens 街大厅，1796 年 2 月。展出了一幅描绘朴次茅斯港斯皮特黑德基地英军舰队的画作。

-

牛津，博德利图书馆，约翰·约翰逊藏品，透视画馆 5（30f）。

利·奥斯汀曾是民兵军官和陆军间谍，他在 1816 年成了“虔诚的福音派传道者”。[1] 1814 年 9 月 2 日简·奥斯汀给她的朋友玛莎·劳埃德写信，直言自己深信英国的军事胜利与国家的宗教稳定密不可分。人们有理由感到乐观：拿破仑刚在 1814 年 4 月退位，仅仅几个月后就被匆匆流放到厄尔巴岛。但与美国再次开战的可能前景又让人恐慌：

（美国人）无法被征服，我们只会教给他们如何打仗，这可能正称了他们的意。最后他们成了好水手、好士兵，而我们却一

1　欲了解卡桑德拉·奥斯汀的福音读物，参见 1805 年 8 月 30 日，信件编号 47，1809 年 1 月 24 日，信件编号 66；《简·奥斯汀的海军兄弟们：巴斯勋位大十字勋章骑士，海军元帅弗兰西斯·奥斯汀爵士，以及海军少将查尔斯·奥斯汀的冒险》，John Lane,1906，p. 114，记录了弗兰克的虔诚；亨利·奥斯汀的福音狂热在他 1817 年写的《传记短评》中已很明显。《传记短评》用作《诺桑觉寺》的前言；另参见迪尔德丽·勒·费伊，《简·奥斯汀：家庭记录》，剑桥大学出版社，剑桥，2004，p. 262。

图 5.9
-
木质信盒，弗兰克·奥斯汀出海时雕刻。
-
汉普郡简·奥斯汀故居图书馆。

无（所得）。——若真是在劫难逃，那也无力回天——但我心存希望，相信上天的保佑。我们是宗教国家，尽管邪恶尚存，但信仰愈坚，我不信美国人有这一点。（信件编号 106）

《诺桑觉寺》的女主角凯瑟琳·莫兰自信地指出，战争就是历史。[1] 但怎样描写战争？战争又能讲述多少历史？这是奥斯汀在《劝导》中为自己设置的挑战。这部小说是她最后一部完整的著作，在她去世后的 1818 年出版发行。我们也因此有机会从个人与历史的视角来观察她英年早逝的一生。《劝导》是奥斯汀时间印记最明显的一部小说——

一个关于哀伤和失去的故事（失去的青春、失去的美貌、失去的幸福和失去的庄园）。小说通过年幼的安妮·艾略特平凡无奇的个人经历表现了多年的分离与战争。《劝导》也是奥斯汀小说中时间最为吉利的。小说从 1815 年 8 月 8 日开始写起，就在同一天《泰晤士报》报道了拿破仑被流放到圣赫勒拿岛的消息。故事就设定在距离“现在（1814 年夏天）”的整一年前（第 1 章）。小说设置这一微小的时间差，其重要性值得深思：写作时间在滑铁卢战役之后，情节展开却在之前，就在 1814 年《巴黎和约》签订之后的短暂停战期间。之后不久的 1815 年 2 月，拿破仑逃离厄尔巴岛，战火旋即重燃。无论是在现实中还是小说里，在 1814 年的那个夏天，和平看起来很稳固；海军军官们因而解甲归田，其中就有弗雷德里克·温特沃斯上校。他奋战八年，屡获提拔，怀揣大笔的奖励金，早就不是当年那个年轻水兵了。

当初就是因为他身无分文，安妮才听别人劝说拒绝了他（图 5.9）。“他现在的目标是要娶位太太。他腰里有了钱，又给转到

1 “……历史书里的东西总是惹我烦恼，厌倦……每页上都是……战争与瘟疫；男人都是饭桶，女人几乎没有一个”，《诺桑觉寺》，第 14 章。

了岸上，满心打算一见到合适的女子，就立即成家”（第 7 章）。分别后这些年，温特沃斯在枪林弹雨中发了财。而安妮聊以慰藉的，只是关于战争的公开报道越来越少而已——“安妮只有海军花名册和报纸作为依据”（第 4 章）——

她偷偷保存的海军信息就是这些年寂寞时光的记录。温特沃斯重归故里，她是否有机会挽回损失呢？危机四伏之时，人们的生活在失去和希望之间、过去和未来之间保持着微妙的平衡，贯穿全书的情感冲突，甚至是情欲冲突就是明证。叙事从秋天开始，到春天结束；希望重燃；同时，故事与现实的轻微错位又让颇有远见的读者们痛切地意识到，如同和平一样，幸福也是脆弱且充满风险的。

战火随时可能重燃，夺走人们的一切。这种威胁如影随形，呼之欲出。在《劝导》中，通过对安妮·艾略特平静个性的塑造，奥斯汀表述了自己对战争代价最微妙的内心看法。

奥斯汀 1817 年 1 月开始写《桑迪顿》，只写了 12 章就搁置了。从这部小说中我们能感知到，欧洲的和平持续了 18 个月后，世界已准备好迎接新的变化。很多有产绅士轻率地卖掉了自己的地产，影响了国家的稳定。如同《劝导》一样，《桑迪顿》也对此大加讽刺。在《劝导》中，奥斯汀秉持的是新兴专业阶层的价值观。她的海军兄弟凭借军功和冒险得以擢升，她也一样，作为专业小说家事业有成。[1] 但是在战后的泡沫与破灭的背景下，水兵们的英勇冒险，变成了帕克先生这种地产乡绅的轻率鲁莽。他们变卖祖产，把钱投到新建的海滨度假屋上。帕克先生也是个典型的现代人，多年的战争让他浮躁不安，无所适从，总想着趁机捞一笔：

1 弗兰克·奥斯汀在给未婚妻的信中提到，没有参加特拉法尔加海战（见上文注 7）对他的前途到底有什么影响：“如此大战未能参加，实在可憾。功名和利禄皆因此错过。”

"啊！"——帕克先生说——"这是我们家祖上传下来的老宅子，我和弟弟妹妹们都是在这里出生长大的，我自己的头三个孩子也出生在这里……等咱们到了特拉法尔加府，您一定不会认为我这次交换有什么不明智——顺便说一句，我简直有些后悔给它取'特拉法尔加'这个名字了，因为现在还是'滑铁卢'更时髦些。不过，滑铁卢也要留着备用；如果我们今年能拉到足够的赞助，投资兴建一幢新月形的小屋子（我想我们会的），那么我们就叫它滑铁卢新月别墅——名字和建筑式样搭配得天衣无缝，准保能替我们留住大批房客。到了旺季，申请住宿的人会多得让我们忙不过来。"（第4章）[1]

1916年，在堑壕战恐怖的日常中，西线战场的士兵们用伦敦的街道给战壕起名——皮卡迪利、摄政王大街、河岸街等等。任何一次战争之后，都会给建筑物起些带有爱国主义色彩的名字来称颂胜利，纪念英勇事迹，也让战争成为历史。战争于1815年结束后，取代部队的是大批度假的游客。1817年，滑铁卢新月别墅仍处于设想阶段。与此相比，昔日滑铁卢的战场早就满是游客了。他们满怀好奇地来寻宝，把战场里里外外翻了个遍。1815年6月15日的战役刚过了几周，战地游客就来到了比利时；沃尔特·司各特就在首批游客之中，他是8月份动身的。甚至还有更早的，夏洛特·安妮·沃尔迪在战役结束几天后就到了。她写下了冷峻的记录，就叫"……现场详述"（图5.10），记述了滑铁卢战场的惨状和臭味。此书当年就再版了六次：

四处散落着士兵的帽子，上面满是窟窿，被人们踩在脚

1 伦敦河岸桥始建于1811年，1816年更名为滑铁卢桥。

THE BATTLE OF WATERLOO,

CONTAINING THE

SERIES OF ACCOUNTS

PUBLISHED BY AUTHORITY,

British and Foreign,

WITH

CIRCUMSTANTIAL DETAILS,

PREVIOUS, DURING, AND AFTER THE BATTLE,

FROM A VARIETY OF

AUTHENTIC AND ORIGINAL SOURCES, WITH RELATIVE

OFFICIAL DOCUMENTS,

FORMING AN HISTORICAL RECORD OF THE OPERATIONS

IN THE

Campaign of the Netherlands,

1815.

TO WHICH IS ADDED AN ALPHABETICAL LIST

OF THE OFFICERS KILLED AND WOUNDED, FROM 15th TO 26th JUNE, 1815,

AND THE TOTAL LOSS OF EACH REGIMENT,

WITH AN ENUMERATION OF THE WATERLOO HONOURS AND PRIVILEGES,

CONFERRED UPON THE MEN AND OFFICERS, AND LISTS OF REGIMENTS, &c.

ENTITLED THERETO.

ILLUSTRATED BY A PANORAMIC SKETCH OF THE FIELD OF BATTLE, AND A PLAN

OF THE POSITION AT WATERLOO, AND MOVEMENTS, WITH A

GENERAL PLAN OF THE CAMPAIGN.

BY A NEAR OBSERVER.

SEVENTH EDITION, CORRECTED AND IMPROVED.

LONDON:

PRINTED FOR J. BOOTH, DUKE STREET, PORTLAND PLACE

AND T. EGERTON, MILITARY LIBRARY, WHITEHALL.

1815.

图 5.10

-

《滑铁卢战役……的现场详述》封面（1815 年）。

-

牛津大学博德利图书馆，8 X 315 BS.

下——还有帽上的雄鹰装饰、荣誉军团的徽章、士兵的胸甲、残缺的手臂、皮带和刀鞘等等。破碎的军装、军靴、弹药箱、手套和苏格兰呢帽一片狼藉，烂泥中混杂着污血和羽毛装饰……士兵尸体的口袋都被搜寻战场的人翻出，各类纸张到处飘散。情书、母亲给儿子写的信、孩子给父母写的信散落一地，都是用法语写的。我们只找到一封英语写的信。是一位士兵的妻子写给他的。[1]

1817 年的增订版更名为《比利时纪行》，沃尔迪重写了最后的细节："信件和肮脏的信纸遍地都是，战场的地面都铺白了。"[2] 这些信都是母亲、妻子和孩子写给他们战死沙场的儿子、丈夫和父亲的，如今都已飘零亡佚，这凄惨的场景让远方的家庭更感悲痛。沃尔迪的描述也让人们在震惊之余意识到，家庭与军队、本土与战场是密不可分的。

1 《滑铁卢战役》（*The Battle of Waterloo*），内含官方出版的系列报道……附有现场观察者的《现场详述》（*Circumstantial Details*），第七版，J. Booth and T. Egerton，伦敦，1815，pp. 41-2。

2 ［夏洛特 · 安妮 · 沃尔迪］1815 年战役期间一位比利时居民的叙述；一位英国女性的滑铁卢战场之旅，伦敦，1817，p. 281。

after the Ball – as she was sitting somewhat secluded
she heard Ld Osborne, who was lounging
on a vacant Table near
Tom Musgrave towards him & say
not you dance with that beautiful Emma Watson? –
to dance with her – & I will come
& stand by you. –
was determining on it this very moment
my Lord, I'll be introduced & dance with her
Aye do – & if you find she does not want
much Talking to, you may introduce me
by & bye." – "Very well my Lord –
like her Sister, she will only want
to be listened to. – I will go this moment. I
shall find her in the Tea room. That stiff old Mrs E.
has never done tea." – Away he went –
Ld Osborne after him – & Emma lost no
time in hurrying from her corner, exactly the other way,
forgetting in her haste that she
left Mrs Edwards behind. – "We had quite
lost you", said Mrs E. – who followed her with
Mary in less than five minutes. – "If you

Ld Osborne was
but there was a
Awkwardness of a
speak him out o
He came
expedient to
[illegible]
Mr Howard was
at the conclusion
herself, she threw
to be
with the
twice
whom she
should
Chair
lively pleasant
6 & 30, to a Lady
when you have
to have

6　手稿中的写作奥秘

凯瑟琳·萨瑟兰

图 6.1
-
约翰·济慈给乔治和乔治安娜·济慈的信，1819 年 3 月 12 日。
-
哈佛大学，霍夫顿图书馆，MS.Keats 1.53, seq. 223–4.

简·奥斯汀的眼镜、干墨水池、写字桌和零星手稿留存至今，我们可以借此窥见她写作的样子。约翰·济慈是与奥斯汀同时代的诗人。在 1819 年 3 月 12 日周五的信中，他请弟弟乔治、弟妹乔治安娜一起想象他写作的画面：

蜡烛就要烧完了，我正在用的这根蜡烛已经很细——它有很长的烛花——烛火将灭——我正背对着蜡烛坐着，一只脚斜放在小地毯上，另一只脚的脚跟略微从地毯上抬起——我正垫着《女佣的悲剧》写这封信，这本书我从茶点时间开始津津有味地读到现在。除了博蒙特和弗莱彻的这卷书，桌上还有乔叟的两卷书和汤姆·穆尔的一部新著，叫作《汤姆·克里伯致国会书》——书中都是些空话。这些都是琐事。不过，无论怎样，我想要你也像我这样描述一下你给我写信时的情形。

如果我能看到早已逝去的伟人如何写作，那将是一大幸事：如能知道莎士比亚在开始写他的“生存还是毁灭”时的坐姿就好了——这些事情因为时间太久，距离太远，反倒变得很有意思（图 6.1）。[1]

1 《1814-1821 年济慈信件集》（*The Letters of John Keats 1814-1821*），编辑：海德·爱德华·罗林斯，2 卷本，哈佛大学出版社，剑桥，马萨诸塞州，1958，卷 2，p. 73。

Punk of Quality. The great and powerful (whom you
call wise and good) do not like to have the privacy
of their self love startled by the obtrusive and unma-
nageable claims of Literature and Philosophy, except
through the intervention of people like you, whom, if
they have common penetration, they soon find out
to be without any superiority of intellect; or if they
do not whom they can despise for their meanness
of soul. You "have the office opposite to saint Peter"
You "keep a corner in the public mind, for foul
prejudice and ~~to~~ corrupt power to knot and
gender in" You volunteer your services to people
of quality to ease scruples of mind and qualms of
conscience; you lay the flattering unction of venal
prose and laurelled verse to their souls - You persuade
them that there is neither purity of morals, nor depth
of understanding except in themselves and their
hangers on; and would prevent the unhallowed
names of Liberty and humanity from ever being
whispered in ears polite! You, sir, do you not
all this? I cry you mercy then: I took you for
the Editor of the Quarterly Review!" This is the
sort of feu de joie he keeps up - there is another
extract or two - one especially which I will copy
tomorrow - for the candles are burnt down and
I am using the wax taper - which has a long
snuff on it - the fire is at its last click - I am
sitting with my back to it with one foot rather
askew upon the rug and the other with the heel
a little elevated from the carpet - I am writing
this on the Maid's tragedy which I have read since
tea with great pleasure - Besides this volume

of Beaumont & Fletcher – there are on the table two volumes of chaucer and a new work of Tom Moore call'd "Tom Cribb's memorial to Congress – nothing in it – These are trifles – but I require nothing so much of you as that you will give me a like description of yourselves, however it may be when you are writing to me – Could I see the same thing done of any great Man long since dead it would be a great delight: as to know in what position Shakspeare sat when he began "To be or not to be" – such things become interesting from distance of time or place. I hope you are both now in that sweet sleep which no two beings deserve more that you do – I must fancy you so – and please myself in the fancy of speaking a prayer and a blessing over you and your lives – God bless you – I whisper good night in your ears and you will dream of me.

Saturday 13 March. I have written to Fanny this morning; and received a note from Haslam – I was to have dined with him to morrow: he gives me a bad account of his Father who has not been in Town for 5 weeks – and is not well enough for company – Haslam is well – and from the prosperous state of some love affair he does not mind the double tides he has to work – I have been a walk past westend – and was going to call at Mr Monkhouse's – but I did not, not being in the humour – I know not why Poetry and I have been so distant lately I must make some advances soon or she will cut me entirely. Hazlitt has this fine Passage in his Letter to Gifford in his Review

夜幕低垂，烛火昏暗；济慈把他写的信（就是我们现在读的这封）放在一本书上。书本摊开，露出一段有标题的文字——那是他正在读的剧本。他的“脚跟略微从地毯上抬起”，脚的重量都压在前脚掌上。这些都表明他正在全神贯注地写信——身边的桌子让书堆满了，他可能把正在读的书放在膝头，用脚帮着支撑。这些“琐碎”的细节之所以重要，是因为正是这些描写随着信件穿越时空，让写作的痕迹活灵活现，把纸上的符号和握笔的手联系起来。

那个握笔的人，在特定的时间、特定的地点，身体呈特定的姿势，写下了这一切。

正如济慈所言，这些琐碎细节很难留存下来。然而简·奥斯汀却意外留下了一些类似的细节。记录下奥斯汀写作场景的是她的两位外甥女：玛丽安娜·奈特和路易莎·奈特。1813 年秋天，奥斯汀去肯特郡高德曼舍姆庄园拜访她们一家。两人当时还是小女孩，但大概都还记得：

> 简舅妈会静静地坐在炉火旁干活（缝纫），良久不语。然后突然大笑，跳起来冲到桌边，抄起纸笔疾书，再回到炉火旁继续安静地干活。
>
> 她的活儿干得真是心不在焉。有时会坐着一动不动，然后搓搓手，兀自笑起来，跑回自己房里去。[1]

玛丽安娜和路易莎的描述不如济慈的细致，也略有矛盾之处——简舅妈是一直跟其他人待在同一间屋里呢，还是跑到其他房间去记下所思所想呢？但她们记起的细节也有一致之处：奥斯汀会兀自出神、喜不自胜，然后突然冲过去拿起纸笔，记下些

1 简·奥斯汀的外甥女玛丽安娜·奈特所著回忆录首次出版于康斯坦斯·希尔，《简·奥斯汀家人与好友（1902）》[*Jane Austen Her Homes and Her Friends* (1902)]，John Lane，伦敦、纽约，1904，p. 202。两位外甥女的叙述都收录于迪尔德丽·勒·费伊，《简·奥斯汀：家庭记录》，剑桥大学出版社，剑桥，2004，p.206。

什么（但到底是什么？）。济慈写下的是对自我的观察，然而奥斯汀写下的是什么，我们却无法从她外甥女的观察中得知：据说《曼斯菲尔德庄园》是“1813 年 6 月一过就写完”了的，《爱玛》则是“1814 年 1 月 21 日动笔”。[1]

在济慈和奥斯汀的时代，历史人物和知名作家的笔迹，特别是签名和手稿都与本人的个性和人生轨迹有莫大关联，正如收藏家艾萨克·迪斯雷利所言：

> 天地生人，千差万别。如同容貌万象、声音各异、举止百态，各人文笔也自然迥异。肌肉筋骨，有拙有巧；心念所至，如臂使指。作家们的情感和习惯也起着决定作用。生性沉静者会雕琢文字；轻浮草率者则极少推敲；邋遢马虎的人字迹潦草、满篇污迹；整洁利落的人则会反复审视，确保字如其人。

迪斯雷利总结道：“笔迹是作家性格的体现，这一重要原则千真万确。”[2] 这个观点流传很广。受此影响，出版书籍的卷首插画里都会有作者的签名和肖像，也有很多爱好者会专门收集作家的亲笔签名（图 6.2）。这些文学遗产的保存和估价慢慢发展成了一门生意。

1831 年 8 月 19 日，文学巨匠沃尔特·司各特爵士的 13 份小说手稿在伦敦蓓尔美尔街 93 号埃文斯拍卖行拍卖，盛况空前。司各特是家喻户晓的作家；文学成就卓著。

正如埃文斯拍卖行的《< 威弗莱 > 小说手稿原件图录》所描述：“以笔迹之流畅论，历代文稿罕有其匹。作者文思既成旋即下笔，至最终付梓，几无增删修改。笔迹流畅若此，足令世人惊

1　卡桑德拉·奥斯汀关于简·奥斯汀小说创作时间的注释大约写于 1817 年 7 月之后，影印版收入《简·奥斯汀：次要著作》，编辑：R.W. 查普曼，牛津大学出版社，牛津，1954，facing p.242。

2　艾萨克·迪斯雷利，“真迹”（Autographs），收录于《文学珍品第二系列》（*A Second Series of Curiosities of Literature*），第二版，3 卷本，约翰·默里出版公司，伦敦，1824，卷 2，pp. 208-9, 210。

A L Barbauld

图 6.2

-

《安娜·拉埃蒂茨娅·巴鲍德作品集》卷首插画（*Frontispiece to The Works of Anna Laetitia Barbauld*），编辑：露西·艾金（2 卷本，朗文、赫斯特、里斯、奥姆、布朗、格林，伦敦，1825）。

-

牛津大学博德利图书馆，25.318, vol. 1.

叹。”[1] 即便如此，拍卖价格也远不如预期；此事被后人认为是在世作家的作品初稿在现代文学手稿市场中的首次尝试。[2]

相比之下，简·奥斯汀当时没那么出名。既然司各特那些悉心保存的手稿都没卖上价，奥斯汀的手稿更被认为没有收藏价值。她的小说一出版，手稿就与废纸无异。这位薄命的作家在世及死后不久一共出版了六部小说（只在 1811—1818 年的七年间），都没有留下手稿证据：《傲慢与偏见》和《爱玛》压根没有手稿。唯一的例外是《诺桑觉寺》中取消的两章。这部小说在奥斯汀去世半年后出版。这两章手稿能够幸存，只是因为后期改动了小说的结局，因此没有一并送去印刷而已。奥斯汀 1100 页存世的小说手稿，都是由于各种原因终生没有发表的作品。有些是手稿校正本，比如少年时期的手稿笔记本。她在上面标了“卷一”“卷二”和“卷三”。

还有稍后的中篇小说《苏珊夫人》；还有些小说只写了个开头，便因文思不畅而停笔——如《沃森一家》和《桑迪顿》——当然还有废弃的《劝导》结尾。奥斯汀的作品也因此分为截然不同的两类：一类是未曾发表的手稿，另一类是付梓出版的作品。两者间几乎没有交叠。

这种区别使她的手稿有种特殊的魅力——这些练手之作、学徒期作品、写坏的开篇、写坏的结尾，还有最后一部小说开篇那费解的几章，都与她的小说迥然不同。这些手稿中隐藏着另一个简·奥斯汀；相比于那六部著名的小说，这些手稿的主题内容直到今天仍显陌生。与此同时，这些手稿见证了奥斯汀跨越 30 年的写作历程，在她出版作品的时间不长的情况下，能为读者理解这些作品提供相关背景材料。

1 爱丁堡，苏格兰国家图书馆，Adv.MS 1.1.0，威弗利，附《原始手稿目录》（*Catalogue of the Original Manuscripts*）……皆为沃尔特·司各特爵士手书，Bart.，1831，2r。

2 埃德加·约翰逊估计收益总额为 317 英镑，《沃尔特·司各特爵士：无名伟人》（*Sir Walter Scott: The Great Unknown*），2 卷本，哈米什·汉密尔顿，伦敦，1970，卷 2，p. 1189。

在她生机勃发的 11 或 12 岁时，奥斯汀初试锋芒，写下了《卷一》（在 1786 或 1787 年）；在她不久于世的 41 岁，她写下了《桑迪顿》的最后几笔，时间就落在了“3 月 18 日”（1817 年的 3 月 18 日）。不论奥斯汀是把写好的段落仔细誊写到白纸上，还是增删批阅，重写初稿中难写的片段，手稿上的笔迹都是写作过程的记录，提供了印刷版没有的第一手信息。如同济慈所说，就像作者提笔亲临，在手稿的观察者面前写作一样。

奥斯汀的手稿为何能保存下来？原因很简单：她最亲近的家人把手稿当成珍贵的纪念品。卡桑德拉·奥斯汀是简遗嘱的执行人和受益人。

她一直活到 1845 年，妥善保管着小说手稿和信件。实物磨损的印记——装订造成的擦痕和褶痕、页边的磨损，还有墨点污渍——证实了这些手稿多年来（1817—1845 年间）一直在大家族圈子内部被人传阅，甚至誊写。卡桑德拉抄写了一份《桑迪顿》的手稿，一直保存至今。兄长弗兰克的几个女儿，外甥女范妮·索菲亚·奥斯汀和小说家凯瑟琳·哈巴克后来回忆家庭聚会时，还想起卡桑德拉朗读《沃森一家》和《桑迪顿》的样子。这样的场合，朗读成了一种交谈，“通过（奥斯汀姑姑的）小说自然地表达出来”。[1] 卡桑德拉去世后，手稿分给简在世的兄弟、侄子和侄女继承。从十九世纪晚期开始，这些手稿逐渐流入拍卖行，又被公共和私人收藏者收藏。最后一次出现在拍卖市场上的小说手稿是《沃森一家》，2011 年 7 月由伦敦博德利图书馆买入。这份只有 68 小页纸的手写文稿，成交价格却高达 100 万英镑。[2]

《沃森一家》这部未完成的小说是个很好的切入点，可以通

1 卡桑德拉·奥斯汀的《桑迪顿》手稿副本现藏于汉普郡乔顿的简·奥斯汀故居图书馆。奥斯汀外甥女们的回忆收于约翰·H、伊迪丝·C. 哈巴克，《简·奥斯汀的海军兄弟们：巴斯勋位大十字勋章骑士，海军元帅弗兰西斯·奥斯汀爵士，以及海军少将查尔斯·奥斯汀的冒险》，John Lane, 1906，p. viii；另参见迪尔德丽·勒·费伊，《简·奥斯汀：家庭记录》，剑桥大学出版社，剑桥，2004，p. 268。

2 《沃森一家》的手稿分为几部分：开篇 12 页保存于摩根图书馆，纽约，MS MA 1034；牛津的部分在博德利图书馆，MS Eng. e. 3764。

图 6.3

-

《沃森一家》小册子。

-

牛津大学博德利图书馆，MS.Eng. e. 3764.

过奥斯汀的手稿来理解她的书写方式。目前存有初稿的奥斯汀成年后的小说中，《沃森一家》是创作时间最早的，大约写于1804—1805年间，当时她二十八九岁，住在巴斯。几年之后，《理智与情感》《傲慢与偏见》和《诺桑觉寺》等几部小说的初稿陆续出版。如此说来，《沃森一家》算是她第四部小说。大约在1803年，奥斯汀把《苏珊夫人》的手稿以10英镑的价格卖给了克罗斯比公司，后者坚持不予出版。可能直到1816年，哥哥亨利才把书稿买回，并最终在1818年，在她去世后以《诺桑觉寺》为名出版。但在1804年时，没人能够想到将来会是这样的情况。我们可以假设首部小说的成功出售让奥斯汀信心十足，开始了下一部的创作。奥斯汀试着写了个开头，用了一张单折四页纸。如

图 6.4

-

“《爱玛》写得非常好。您提到那位作家之前我就知道是她了。手稿字迹很清楚，不过确实也有不少疏漏。有些表达在送去印刷之前可以修改下……如需我进行修订，随时愿意效劳。”

-

这封信是编辑威廉·吉福德写给约翰·默里的。吉福德鼓励他出版《爱玛》，并主动提出改正作者的标点错误。

-

苏格兰国家图书馆，约翰·默里公司档案馆，MS. 42248.

此一来，《沃森一家》的雏形便是 11 本自制小册子，每册 8 页。手稿呈现出写作的过程，所有设想、转念、增删修改的细节都一览无余。我们能够确切地看到，在作者笔下，手稿在一页一页、一册一册地增加（图 6.3）。这个故事大约有 17500 字，长度大概是奥斯汀一部完整小说的六分之一。她似乎越写越有信心，但小说却戛然而止了。虽然每本小册子的右上角都有编号，但这些手稿没有标题，不分章节，也未标页码。《沃森一家》的名字是詹姆斯·爱德华·奥斯汀 - 利起的，他是奥斯汀的侄子，也是早期传记的作者。1871 年，他用手稿中主要家庭的姓氏给手稿起了名，按他所说，“起个标题方便指明”。[1]

奥斯汀去世后的几个月中，她的哥哥亨利夸耀她下笔如行云流水，这谎话今天仍笃信者众——“相比之下，她写文章又快又准”；“下笔成篇”[2]——只要看看她的这些小册子，谎言便不攻自破。笔迹里满是删改符号和密密麻麻的插入内容。显然，她的创作并不轻松。亨利是奥斯汀的非正式代理人，对她的决心、抱负都有细致的观察，也见证了她事无巨细地参与小说出版业务的方方面面：她亲自与出版商谈判，密切关注制作品质（为方便校对，她在小说印刷期间一直待在伦敦），并仔细记录出版收益。

既然如此，亨利为何不愿承认她创作小说的艰辛、作品中不可避免的瑕疵和她的职业精神呢？这是令人费解的。非但如此，他那讣告式的溢美之词——“她初试创作，既不为名，也不为利”——反而模糊了奥斯汀的真面目。

这位女性如此骄傲地宣布：“我如今也挣到 250 镑稿费了。——我要赚更多钱”，“虽然像所有人一样，我喜欢赞美，但

1 詹姆斯·爱德华·奥斯汀 - 利，《<简·奥斯汀回忆录>，附<苏珊夫人>和奥斯汀女士未完成的两篇故事的片段》(*A Memoir of Jane Austen, to which is added Lady Susan and Fragments of Two Other Unfinished Tales by Miss Austen*)，第二版，理查·本特利父子出版公司，伦敦，1871，p. 295。

2 收录于亨利·奥斯汀的《传记短评》(1818)，附在奥斯汀死后出版的《诺桑觉寺》后，收录于奥斯汀 - 利，《回忆录》，编辑：萨瑟兰，pp. 138 and 141。

James St Sep 29. 1815

My dear Sir

The wanderings of my letter are to be regretted because it contained some answers to questions which I am not sure that I now remember. Not to waste time however I will proceed with what I recollect. Of Emma I have nothing but good to say. I was sure of the writer before you mentioned her. The m.s. though plainly written has yet some, indeed many little omissions, & an expression may now & then be amended in passing through the press. If you print it which I think you will do (though I can say nothing as to its price) I will readily undertake the revision. If it falls in with your views I should prefer Roworth as the printer, your little man Dove, is apt to give one rather too much trouble — but this, as you like.

No. 2580 £38.18.1 London October 21st 1816

120

Four Months after date I promise to pay to Miss Jane Austen or Order the Sum of Thirty Eight Pounds 18/1 for Value received in Account

At Messrs Brooks Son & Dixon Bankers, Chancery Lane.

John Murray

图 6.5

-

《爱玛》出版后约翰·默里公司开给简奥斯汀的支票。

-

苏格兰国家图书馆，约翰·默里公司档案馆。MS.4 2001, fol. 8r–v.

我……也喜欢锡币”（图 6.4、6.5）[1]。

整个十九世纪，神话奥斯汀创作才能的观念流传得越来越广。到了奥斯汀去世几十年后的维多利亚时代，她的侄子奥斯汀 - 利已经成了个古板的老牧师。他在解释女性创作时，把写作与更为正统的家庭娱乐混同在一起，将奥斯汀“清晰有力的笔迹”比为她漂亮的女红，将她封信时的小心翼翼比为制作克里比奇牌小木桩时的巧妙手艺。[2] 这种联想在今天看来很荒谬，无法用来解释持久的文学创作这种完全非女性化的活动。早在 1866 年时，《英国女性家庭杂志》就表达了不满，抱怨说简·奥斯汀这样一位严肃女性作家居然遭到如此虚伪陈腐的评价，并评论道“如此说来，她的形象完全就是一位写小说的天使，连用的羽毛笔都是从自己翅膀上拔下来的”。[3]

1 奥斯汀 - 利，《回忆录》，编辑：萨瑟兰，p. 140；简·奥斯汀，1813 年 9 月 16 日，信件编号 86，1814 年 11 月 30 日，信件编号 114。有关简·奥斯汀作为小说家的商业往来，见 简·费格斯，“职业女作家”（The Professional Woman Writer），收录于爱德华·科普兰、茱莉叶·麦克马斯特（编辑），《简·奥斯汀剑桥文学指南》，第二版，剑桥大学出版社，剑桥，2011，pp. 1-20；及凯瑟琳·萨瑟兰，“简·奥斯汀与约翰·默里和他的公司间的商业往来”，《英语研究评论》，未作说明，卷 64，2012，pp. 105-26。

2 奥斯汀 - 利，《回忆录》，编辑：萨瑟兰，p. 77。

3 《英国女性家庭杂志》（*The Englishwoman's Domestic Magazine*），卷 2，1866，p. 238。

1926 年，R.W. 查普曼出版了《劝导 · 两章》，公开了一份奥斯汀小说初稿手稿的珂罗版摹本。直到此时，公众才有机会细读手稿，并做出自己的判断。

与奥斯汀 - 利不同，简 · 奥斯汀并不以她的笔迹为傲；她经常在信中抱怨，说自己的笔迹凌乱，不够优美。1808 年 1 月 20 日给卡桑德拉的信（信件编号 53）中，她取笑道，“你真是既和蔼，又聪明，写了这么长一封信；每一页的行数、每一行的字数都比我的多。我很惭愧”；1813 年 9 月 25 日给哥哥弗兰克的信（信件编号 90）中，她写道：“你写得很均匀，布局和笔迹都很清楚……太厉害了。”然而，现代的读者在看到《沃森一家》的手稿时，首先注意到的是落笔的克制和用纸的节约：不大的纸上密密麻麻地写满了字，每张纸上的字都写到了边缘，连用来修改或增补的页边或空白都没留（图 6.6）。与同时代的大多数人一样，奥斯汀写字用的也是鹅毛笔和铁胆墨水。有三处的字迹超出了本页，写到了别的页上。

这些单页纸上有修补的痕迹，是粘在小册子上，又用直钢针固定的。就像衬衫或裙服上的补丁一样，字迹也正好写满了纸上的空白。这三处的字迹都显示出奥斯汀在纸张修补处对故事做了

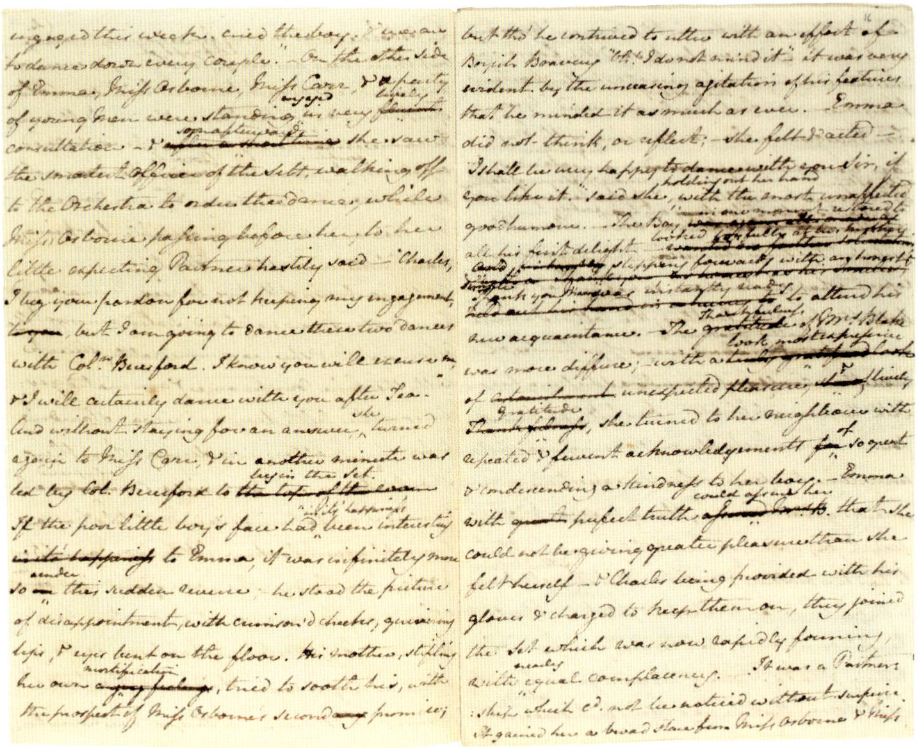

图 6.6
-
《沃森一家》手稿开篇，可见简·奥斯汀密密麻麻的字迹。
-
牛津大学博德利图书馆，MS.Eng. e. 3764, 小册子 4, pp. 2–3.

些修改或展开。[1]

研究手稿不同于研究印刷版；两者的外观是有区别的。手稿上有很多更正和修改的痕迹，研究者需要参透其背后的意义。手稿也是未经加工的，没有制成品的优美；这同样暗示了她的人生。我们从手稿上感到了生命的痕迹——这并非虚言，上面确实带有笔者写下的印痕：她的拼写癖好、信件的形状和写满纸页的方法，这些线索都暗示出她的工作方式以及性格特点。《沃森一家》的小册子是自制的，页面较小（19 × 12 厘米；7.5 × 4.75

1　补丁保存于博德利图书馆 MS Eng. e. 3764，小册子 7 [p. 7]、9 [p. 2]、10 [p.3]。手稿的数字图像和抄本可免费访问《简 · 奥斯汀虚构故事手稿：电子版》（*Jane Austen's Fiction Manuscripts: A Digital Edition*），编辑：凯瑟琳 · 萨瑟兰，2010，<http://www.janeausten.ac.uk>. 下文所有关于《沃森一家》的详细资料，可参见小册子，以数字版页码为准。

图 6.7

-

《沃森一家》的小册子，用半页标准稿纸做成，对折并再次剪成两半，一半叠在另一半内。一共八面（四页纸）。

-

牛津大学博德利图书馆，MS.Eng.e. 3764.

图 6.8

-

玛丽·雪莱《弗兰肯斯坦》手稿页。注意用于修改的页边留白。

-

牛津大学博德利图书馆，MS.Abinger c. 56, fol. 21r.

英寸），是用大页书写纸剪裁、折叠而成的，页边互相固定在一起（图 6.7）。《劝导》和《桑迪顿》的手稿小册子更厚些，不过制作方法类似，这显示了奥斯汀对这种外观的偏爱——我们知道，不管是过去还是当代的作家，可能都有些极端甚至偏执的习惯——因此可以推测《傲慢与偏见》《曼斯菲尔德庄园》和《爱玛》亡佚的手稿都是用多本小册子制成的。

为什么是小册子呢？在这里，奥斯汀 - 利再次用神话式的语言，描写了他的姑妈住在乔顿时的写作方式。1809 年 7 月，奥斯汀迁居到乔顿。所有交付出版的奥斯汀小说都是从乔顿发出的。她写作的地方是家里的客厅，这里也作待客之用。客厅里有我们读到过的“一沓小页纸，放成很容易收好的样子，或用一张吸墨纸盖住”“回转门吱呀作响”，但从来不上油，因为门一响就知道有人来了；还有钢笔“在小红木写字台上挥洒如飞”。[1]

红木写字台保存至今；可能是简十九岁生日时父亲送给她的礼物。这些小册子可能很容易被研究者忽视。但我们能做出更多推论：每本小册子单看都平平无奇，但一本本叠起来时，就越来越有了成型小说的篇幅和外观。[2] 受小册子写作经验的鼓舞（她的很多同时代人，如威廉·戈德温和弗朗西斯·伯尼是在单页纸或各类纸张上写作的，这点与奥斯汀不同），初试笔锋的奥斯汀开始把手稿草稿和手工制书结合起来（图 6.8）。

这种习惯可能是她青少年时制作《卷一》《卷二》《卷三》等仿制书时就有的，并逐渐发展成小说创作时的职业偏好；甚至可能还是必要的写作仪式。

特别的材质表面也可能促成特别的写作方式。《沃森一家》《劝导》和《桑迪顿》的初稿小册子中有多处明证，显示出奥斯汀创

1 奥斯汀 - 利，《回忆录》，编辑：萨瑟兰，pp. 81-2。

2 此外，她的手稿页尺寸约与十二开本印刷页相仿，她的小说首次出版用的就是十二开本页。

Chapter 7th

It was on a dreary night of November that I beheld ~~my~~ the frame on which my man completed, ~~and~~ with an anxiety that almost amounted to agony I collected instruments of life around me ~~and endeavoured to~~ that I might infuse a spark of being into the lifeless thing that lay at my feet. It was already one in the morning, the rain pattered dismally against the window panes & my candle was nearly burnt out, when by the glimmer of the half extinguished light I saw the dull yellow eye of the creature open — It breathed hard, and a convulsive motion agitated its limbs.

~~But how~~ How can I describe my emotion at this catastrophe, or how delineate the wretch whom with such infinite pains and care I had endeavoured to form. His limbs were in proportion and I had selected his features ~~&~~ as ~~handsome handsome~~. beautiful. ~~Handsome~~ Beautiful; Great God! His yellow ~~dun~~ skin scarcely covered the work of muscles and arteries beneath; his hair was of a lustrous black & flowing and his teeth of a pearly whiteness but these luxuriances only ~~formed~~ formed a more horrid contrast with his watry eyes that seemed almost of the same colour as the dun white sockets in which they were set,

"I dont mean to distress you, but you know everybody must think her an old fool. —

[illegible]

tender friends, there was a young who w^d. have thought of her." Emma was glad when they were joined by the others; it was better to look at her Sister in laws' finery than listen to ~~Margaret~~ Robert & she had equally ~~mortified~~ irritated & grieved her. —

Mrs Robert exactly as smart as she had been at her own party, came in with apologies for her Dress — "I would not make you wait, said she, so I put on the first thing I met with. — I am afraid I am a sad figure. — My dear Mr W. — (to her husband) you have not put any fresh powder in your hair." — "No — I dont intend it. — I think there is powder enough in my hair for my wife & Sisters." — "Indeed you ought to make some alteration in your dress before dinner when you are out visiting, tho' you do not at home." "Nonsense." — "It is very odd you should not like to do what other gentlemen ~~do~~ do. Mr Marshall &

Mr Hemmings change th
Lines before dinner.
putting up your last
to ~~fe~~ wear it." — "Do
yourself, & leave your
end to this altercation
of her sister in law, Mrs
gown. — It produced
"Do you like it? — said
has been ~~[illegible]~~ exceedingly ad
the pattern too large.
that I think you will
seen the one I gave
Dinner came, & exce
her husband's head,
chiding Elizth. for th
& absolutely protestin
Turkey — which form
see your dinner",
treat that no Turkey
really frightened out
of dishes we have al
I beseech you. —
is roasted, & it may
in the Kitchen. Burton If it
may be tempted to ea

…ess every day of their
…hat was the use of my
…ead, if you are never
…sfied with being fine
…nd alone."—To put an
…n the evident vexation
…spirits to make such romance
…began to admire her
…ate complacency.—
…I am very happy.—I'll
…but sometimes I think
…all. wear one to morrow
…ter to this.—Have you
…ret?"—
…en Mrs R. looked at
…tinued gay & flippant,
…lusion on the Table,
…uit the entrance of the Turkey, she was
…nly exception to your
…"I do beg & in:
…sent to say. I am
…wits with the number
Let us have no Turkey
replied Eliz. the Turkey
will come in, as stay
I am hopes my Father
…, for it is rather a
…ourite dish."

I thought Turner had been reckoned an extra:ordinary sensible, clever man.—How the Devil came he to make such a will?"—"My Uncle's sense is not at all impeached in my o:pinion, by his attachment to my Aunt. She had been an excellent wife to him. The most Liberal & enlightened minds are always the most confiding. The event has been unfortunate, but my Uncle's memory is if possible endeared to me by such a proof of tender respect for my Aunt."—"That's odd sort of Talking!—He might have provided decently for his widow, without leaving every thing that he had to dispose of, or any part of it at her mercy."—"My Aunt may have erred—said Emma warmly—she has erred—but my Uncle's conduct was faultless. I was her own Niece, & he left to herself the power & the pleasure of providing for me."—"But unluckily she has left the pleasure of providing for you, to your Father, & without the power.—That's the long & the short of the business. After keeping you at a distance from your family for such a length of time as must do away all natural affection among us, & breeding you up (I suppose) in a superior stile, you are returned upon their hands without a sixpence."

"You know, replied Emma struggling with her tears, my uncle's melancholy state of health.—He was a greater Invalid than my father. He could not leave home."—"I do not mean to make you cry.—said Robt. rather softened—& after a short silence, by way of changing the subject, he added

图 6.9

-

《沃森一家》中的增补页，展开及折叠状态。

-

牛津大学博德利图书馆，MS.Eng. e. 3764.

作过程的艰辛。她的小册子不仅对即将写成的小说影响巨大；初稿完成时就预示着极大的风险。她的手稿从一开始就写得密密麻麻，这使得小册子有种近乎专横的结构，让作者几乎毫无转圜余地：必须一气呵成，否则不可能对叙事和对话进行大幅改动，也无法将故事线反转或重设。小册子的结构使得情节的持续推进极为困难。当然，删掉一些素材并加入新的内容仍是有可能的——《沃森一家》中的三处贴纸和《劝导》中的一小张粘贴页都是例证——但灵活性大为受限；几乎无法在写满字的小册子上添加可替换的新内容（**图 6.9**）。

由此可见，小册子的作者对于自己的意图和目的是很自信的。后期的手稿小册子，如《劝导》（32 页）和《桑迪顿》（三本小册子，分别有 32、40、80 页）越来越厚，这是否显示奥斯汀越来越有信心，愿意冒更大的风险呢?

手稿局部大幅修改的增补方法，表明奥斯汀的小说初稿不太可能是分几次完成的：现存手稿中，初期和后期的版本都集中在同一本小册子里。证据表明，她用纸很节省。她是在战争期间写作的，当时纸张昂贵且供应短缺；但她的节省可能另有目的。对于自己的写作方式，奥斯汀有句广为人知的描述——“在两寸宽的象牙上用一支细细的画笔轻描慢绘，事倍功半”——这句话经常被用来解释她写作题材狭窄的原因：她曾在别处说过，“一个乡村中的三四户人家，是再合适不过的写作对象了。”[1] 这甚至更符合她的象牙色稿纸和写作方式。这些小册子页面狭窄，真切反映了她惜字如金的艺术和节俭作家的名声，以及克制的观察与写作方式（**图 6.10**）。

奥斯汀惯于重复利用，且精于此道——不仅是纸张，连故事、主题甚至微小细节都会反复使用。她在小小的手稿纸页上

1 写给詹姆斯·爱德华·奥斯汀，1817 年 12 月 16 日，信件编号 146；写给安娜·奥斯汀，1814 年 9 月 9—18 日，信件编号 107。

补缀、书写，涂了又改，反复增删，创作出一部又一部小说。稿纸上的痕迹都是她想象过程的反映。这种方法让我们对奥斯汀的世界更感熟悉。

在这个意义上，《沃森一家》也不例外。这是个关于 19 岁女孩儿爱玛 · 沃森的故事。她小时被富有的姨妈姨父领养。此时姨父去世，姨妈再嫁但遇人不淑。沃森“在时隔十四年后”（第 8 本小册子 [p.3]）只得回到原生家庭。家中当牧师的父亲体弱多病，三个姐姐还未出嫁。一家人在村里的牧师公房中过着清贫的日子。两个兄弟正在社会上闯荡——一个是学徒外科医生；另一个是律师，精明能干，娶了雇主的女儿。

小说的开篇是爱玛 · 沃森在为第一次参加舞会做准备，这是典型的奥斯汀笔法。舞会上，她吸引了两位潜在追求者的注意：奥斯本勋爵“是个标致的小伙子；但他有种冷漠、淡然，甚至刚硬的气息，让他在舞会的人群中颇为显眼……他不喜欢跟女人待在一起，也从不跳舞”；霍华德先生是位牧师，“三十出头，面相和善”（第 4 本小册子 [p.1]）。但《沃森一家》刚开篇就被放弃了：角色介绍完毕；舞会开始又结束，之后就是不速之客奥斯本勋爵闯入沃森家寒酸的晚餐；粗鄙的罗伯特 · 沃森夫妇登门小坐。

现有的故事足以看出爱玛 · 沃森对周遭环境的不适，并暗示有一段求爱的情节。爱玛回绝了让她和哥哥一起回到克罗伊登的邀请，此时，手稿戛然而止。最后的文字是这样的：“访客走了，她留了下来。”（第 11 本小册子 [p.1]）。

在奥斯汀小说中，舞会就是活性剂和发酵剂，男男女女可以借此互相考量，拉近关系，由此推动情节发展。除了因去世而未完成的《桑迪顿》外，奥斯汀的每本小说中都有一场舞会。

或者，在《劝导》中是一段随意的舞蹈。《沃森一家》中的舞会场景是奥斯汀小说中描写最为细致的，几乎占了手稿的四分之一。如果奥斯汀没有早逝，是否会在修改时精简内容呢？她会

Mind. — There was nothing less
for Lady R. to do than to admit 11
that she had been pretty completely
wrong, & to take up a new set of
opinions & of hopes. — There is a
quickness of perception in some, a nicety
in the discernment of character —
a natural Penetration, in short,
which no Experience in others can
equal — Lady R. had been less
gifted in this part of Understanding
than her young friend. —
—but she
was a very good woman; & if her second object was to be sensible
& well-judging, her first was to see
Anne happy. She loved Anne
better than she loved her own
abilities — and when the
awkwardness of the Beginning was
over, found little hardship in
attaching herself as a

图 6.10

-

《劝导》中的一页，字迹密集，改动极大。尺寸只有 15.5 × 9 厘米，6.12 × 3.5 英寸，比《沃森一家》还小。

-

伦敦，大英博物馆，MS.Egerton 3038.

删去哪些细节呢？这个问题促使我们考虑手稿和印刷版之间的区别。作家在将手稿完成交出之前，可以对任意内容进行改动；没有什么是确定不变的。与印刷版不同，手稿始终处于作家的注视之下。艺术与生活，你中有我，我中有你，这使得手稿写作成为“唾手可得”的事情，这点在《沃森一家》中尤为显著。[1] 多年以后，卡桑德拉 · 奥斯汀与她的侄女们分享了“一些原本的情节设想”。爱玛 · 沃森的父亲：

> 时日无多；她马上就得寄人篱下，依靠心胸狭窄的嫂子和哥哥过活。她会拒绝奥斯本勋爵的求婚。故事的精彩部分是（年长的）奥斯本夫人爱上霍华德先生，而他却钟情于爱玛，最终将和爱玛成婚。[2]

为什么奥斯汀弃写了《沃森一家》呢？范妮 · 卡洛琳 · 勒弗罗伊是奥斯汀的大外甥女，为第一批非家族成员的专职传记作家提供了很多重要信息。她在 1883 年说过：“（简 · 奥斯汀）大约在 1804 年开始写《沃森一家》。但她父亲 1805 年过世后，她就没有再写下去。”[3]《沃森一家》似乎是要写寄居女性的惨淡生活，几乎没有《理智与情感》和《傲慢与偏见》里那些浪漫的幻想。父亲久病，家徒四壁，沃森姐妹眼看着体面的生活一天天消失。等父亲一死，她们的家也保不住。大姐伊丽莎白 · 沃森明白，若想摆脱赤贫的命运，不至向势利的亲戚乞食，唯一的希望就是婚姻，这其中绝无浪漫可言。她的话令人动容：

你知道我们必须得嫁出去。——如果只考虑自己，我单身

1 该短语收录于萨莉 · 布歇尔的《属文的过程》（*Text as Process*），弗吉尼亚大学出版社，夏洛茨维尔，2009，p. 229。

2 奥斯汀 - 利，《回忆录》，1871，p. 364。

3 范尼 · C. 勒弗罗伊，“Is it Just?”，圣殿关，卷 67，1883，1883, p. 277。

图 6.11

-

《沃森一家》：伊丽莎白·沃森即将陷入贫穷。

-

纽约，皮尔庞特·摩根图书馆（New York, Pierpont Morgan Library），MS.MA 1034.

也能过得不错。——找人陪陪，时常去跳跳舞，这就够了，如果人能永远年轻的话。但我父亲没法供养我们。既老又穷，受人嘲笑，是很悲惨的。——我已经失去了珀维斯，这是现实，但很少有人能跟初恋结婚。我不能因为一个男人不是珀维斯就拒绝他——（p.4—第 1 本小册子 [p.1]）。

手稿上满是删减和插入的文字，显示出作者的深思熟虑和字斟句酌。但这段话却格外流畅，几乎没有改动的痕迹，这一点值得注意（图 6.11）。

奥斯汀的新小说还没写到家庭危机的部分，现实事件就取代了虚构情节。1805 年 1 月，她的父亲乔治·奥斯汀患病暴毙。之后不到两个月，奥斯汀家的女人们（两位年老未嫁的女儿和她们的母亲）就放弃了巴斯的宅子，搬进了更便宜的住所。

从这时起直到生命终结，她们都得依靠简兄弟们的资助度日。奥斯汀或许是下意识地开始创作《沃森一家》。她试图通过艺术来宣示能够克服自己的境遇：她快三十岁了，刚拒绝了别人的求婚，同时也拒绝了婚姻带来的稳定生活。这段往事广为人知：1802 年 12 月 2 日，哈里斯·比格 - 威瑟向奥斯汀求婚。

他是奥斯汀家族友人，家境优渥，但奥斯汀拒绝了他。[1] 似乎这件事刚结束奥斯汀就修改了《苏珊夫人》（后来改为《诺桑觉寺》），将小说售出，并着手开始写《沃森一家》。《沃森一家》中阴暗的社会批判标志着奥斯汀正成长为一位成熟的小说家，这必然要求她探寻自己更为深刻的内在。小说半途而废，是否是因为父亲离世后生活的现实让她无心再继续呢？

还有一种可能：《沃森一家》的虚构情节已经无法继续；尽管卡桑德拉提到过“设想情节”的存在，但小说已经没有写下去

1 有关该时期传记的细节，参见迪尔德丽·勒·费伊，《简·奥斯汀：家庭记录》，剑桥大学出版社，剑桥，2004，pp. 135-59。

A little Company, & a pleasant Ball now & then, would be enough for me, if one could be young for ever, but my Father cannot provide for us, & it is very bad to grow old & be poor & laughed at. — I have lost Purvis, it is true, but very few people marry their first Loves. I should not refuse a man because he was not Purvis — Not that I can ever quite forgive Penelope." — Emma shook her head in acquiescence. — "Penelope however has had her Troubles — continued Miss W. — she was sadly disappointed in Tom Musgrave, who afterwards transferred his attentions from me to her, & whom she was very fond of; but he never means anything serious, & when he had trifled with her long enough, he began to slight her for Margaret, & poor Penelope was very wretched — . And since then, she has been trying to make some match at Chichester; she wont tell us with whom, but I believe it is a rich old Dr Harding, Uncle to the friend she goes to see; — & she has taken a vast deal of trouble about him, & given up a great deal of Time to no purpose as yet. —

的动力了。是不是因为爱玛·沃森太健康（不像《曼斯菲尔德庄园》的女主角范妮·普莱斯）、太完美（不像爱玛·伍德豪斯）、太年轻自信（不像《劝导》里的安妮·艾略特），不值得深入发掘呢？

在不长的故事中，她似乎很轻易就能克服生活中遇到的困难。这就产生第三种可能：《沃森一家》是否本质上只是中篇小说或较长的短篇故事，就像《卷三》里的《凯蒂，或树荫》一样呢？仔细研究这本手稿：故事是连着写的，没有分章节。第 7 本小册子页面中部画了条短线，表明故事在此略作停顿。第 10 本小册子页面中部也有一条；但没有明显的结构标记。如果当中篇小说来理解，我们对故事的期望就不一样了；舞会和其后续发展本身就成了合适的研究对象。

在奥斯汀的作品中，《沃森一家》是一个谜。正因如此，其内涵才更加丰富。它代表了奥斯汀写作方式的转变，预示着对女性命运的内省和更为严峻的现实主义思考，这些都是成熟小说的特点；她的下一部长篇小说就是严肃冷静、劝人向善的《曼斯菲尔德庄园》。

在《沃森一家》中，似乎能听到奥斯汀其他几本小说的回声或预响：沃森家的女子们面临的经济压力与《傲慢与偏见》中贝内特家的女子们大致相仿；奥斯本勋爵和达西先生家境相若；霍华德先生也很像奥斯汀笔下的导师型爱人，如亨利·蒂尔尼、埃德蒙·贝特伦和奈特利先生。爱玛·沃森理应成为新一类的女主角：她家道中落，寄人篱下，辗转流离的经历塑造了她的个性特征。

范妮·普莱斯和后来的安妮·艾略特都是这样。范妮和安妮身上有些有趣的反常特点，值得研究，这些爱玛身上都没有；然而我们不禁要问，假如奥斯汀没有在《沃森一家》中尝试过描写人心的险恶，并痛苦地探索人生的阴暗，她有可能让范妮·普莱斯和安妮·艾略特展现出那么深刻的复杂情感吗？像手稿一样，故事中也有探寻奥斯汀写作奥秘的宝贵线索。

《桑迪顿》是奥斯汀手稿中最令人伤感的，它的情况又如何呢？济慈认为读者可以从作品中复原出作者的模样。如果确实如此，那么我们在解读奥斯汀后期作品时，这种找寻线索的欲望必定是无比强烈的。作者与作品间的关系假如有迹可循，那么我们希望它最适时地显现在这里；在这本一直被称作“遗作”的手稿中，我们希望找到能暗示奥斯汀结局的线索。简·奥斯汀写到《桑迪顿》的第 12 章时就放弃了。

最后几句话——“可怜的霍利斯先生！——显然他很少被关注；在自己的房子里都会被忽视，只能看着德纳姆爵士的肖像占据壁炉上方那最重要的位置。”

后面是日期：“3 月 18 日。”整四个月后，1 月 18 日，奥斯汀离世。奥斯汀 - 利给这些痕迹渲染上了细腻的感情色彩，说手稿的“最后几页……最初是用铅笔写下的。可能是她病得太重，已经无力坐在桌前写字”。他说最后写下的日期固定在了“那个时刻，她的头脑已无法继续往日的思考”，就像“溺水之人所戴的手表停在了死亡的时刻”。[1] 然而真实情况却大相径庭：第 2 本小册子中，只有 31 行字是先用铅笔写的。后面的 50 页手稿用的都是墨水笔，且执笔平稳。

第 3 本小册子开篇页的落款时间（“3 月 1 日”）表明，最后 40 页都是在不到三周的时间内写的（图 6.12）。手稿的中心主题里还有件尴尬的事——疑病症：《桑迪顿》研究的是一些想象自己有病的人，而作者此时已经快死了。这一点我们是知道的，但她自己知道吗？假设她知道的话，为什么要让艺术来迎合她的人生？为什么“身体状况和美学风格”要和谐一致呢？[2] 在读者看来，奥斯汀的遗作总是显得充满矛盾：虽是遗作，但

1 奥斯汀 - 利，《回忆录》，1871，p. 181；奥斯汀 - 利，《回忆录》，编辑：萨瑟兰，p. 127。

2 有关这段关系，参见爱德华·W. 萨义德，《论晚期风格》（*On Late Style*），布卢姆斯伯里，伦敦，2006，p. 3。

of air, in aid.—Yet, here, she had seen them. They were really ill-used.—The House was large & handsome; two Servants appeared, to admit them, & every thing had a suitable air of Property & Order.—Lady D. valued herself upon her liberal Establishment, & had great enjoyment in the order & the Importance of her style of living.—They were shewn into the usual sitting room, well-proportioned & well-furnished;—tho' it was Furniture rather originally good & extremely well kept, than new or shewy—and as Lady D. was not there, Charlotte had leisure to look about, & to be told by Mrs P. that the whole-length Portrait of a stately Gentleman, which placed over the Mantlepeice, caught the eye immediately, was the picture of Sir H. Denham—and that one among many Miniatures in another part of the room, little conspicuous, represented Mr Hollis.—Poor Mr Hollis!—It was impossible not to feel him hardly used; to be obliged to stand back in his own House & see the best place by the

图 6.12

-

《桑迪顿》手稿最后一张整页（16.2 × 10 厘米；6.4 × 4 英寸），写于 1817 年 3 月 18 日。

-

剑桥大学国王学院。

其中的奇特幽默和古怪风格却颇似她少年时的讽刺短文。最后一本小册子也值得一提，这本册子有 80 页，是手稿中最厚的。奥斯汀只写了 40 页；剩下的都是空白，这是否意味着极为节俭的她不想再克制自己了呢？这些材料及其承载的主题体现了时代性和她的节俭。但除此之外，我们能否在这最后的作品中发现一些证据，证明她在反抗和拒绝着什么悬而未决之事呢？

7 “百花齐放”的1817年小说

弗雷亚·约翰斯顿

图7.1
-
英王阁厨房一瞥，约翰·纳西《英王阁景色》(1826年)。英王阁 & 博物馆，布莱顿 & 霍夫。

1817年时乔治四世还未登基，仍是摄政亲王。这一年多灾多难，年初他尚在大排筵宴，年末他的独女就因分娩意外死于难产，母子双亡。虽然乔治四世活到了1830年，但他那有名无实的摄政统治（他于1820年登基，但实际上从头到尾都只是在扮演国王的角色而已）在1817年时就名存实亡了。同年，英国也到达了一个时代的尾声。作为乔治王的卑微仆人、汉普郡的快活臣民，简·奥斯汀的遗物中留有一封给乔治王的简短敷衍的公开信。有人鼓励她将《爱玛》献给这位名不副实的统治者（1815年）：

致

摄政亲王殿下，谨遵殿下钧意，将书恭呈殿下。

殿下忠心、

顺从、

卑微之仆

作者

奥斯汀的早期小说作品常附有给亲友的献词，语言简短且程式化。与此呼应，她在给摄政王的那篇29字（指原文的英文单词数）的简短致辞中，塞入了数个“亲王殿下”（ROYAL HIGHNESS）。全篇貌似言辞恭敬，实则却是刻意为之的冷漠。但是这种短语的重复暗示着文中另有言外之意。“致亲王殿下”这一夸张可笑的短语之所以出现，正是因为当时皇室生活的骄奢淫逸。正如约瑟夫·福赛斯在《在意大利旅行期间关于古物、艺术和信件的评论》中所说：“他们无休止地互相‘致亲王殿下’。”[1]

这种无谓、机巧且夸张的措辞源自卡罗琳公主，因其冗长而具有了轻松欢快的效果。卡罗琳公主策略性地使用这种敬语，在给她丈夫乔治四世的公开通信中反复称他为“亲王殿下”，语带讥讽，颇为恶毒。对于这样的丈夫、这样的统治者，尊敬的表示只能是从牙缝里挤出来的。《爱玛》描写的是年少轻狂误入歧途，结交私生女身份的朋友而又陷入贫困的故事。小说忠实地以出身显贵的女主角为名，同时卷首的致词又献给了那位骄纵不羁、刚愎自用、自行其是的人物，此举可谓恰如其分。

1817 年 1 月 18 日，新完工的英王阁厨房迎来了名厨马利·安东尼·卡雷姆。为向俄国大公尼古拉斯表示敬意，卡雷姆准备了一席极尽奢华的宴会，共有一百多道菜品，其中的圆顶形杏仁蛋白软糖有 4 英尺高（图 7.1）。

据说摄政王惊呼道：“回到布莱顿真好！只有在这里才有人真的爱我。”（这是个蹩脚的表达，但这句话的做作程度可能正好表明了引语的准确性。）[2] 很快，讽刺作家汉弗里·海吉霍格就在《英王阁；或在布莱顿的一个月》中表达了对亲王的截然不同的看法。

1　约瑟夫·福赛斯，《在意大利旅行期间关于古物、艺术和信件的评论》（*Remarks On Antiquities, Arts, and Letters, during an Excursion in Italy*），第四版，约翰·默里出版公司，伦敦，1835，p. 461。福赛斯在描述 1802-1803 年间的一次旅行。

2　参见伊恩·凯丽，《为国王烹饪：首位明星大厨安东尼·卡雷姆传记》（*Cooking for Kings: The Life of Antonin Carême, the First Celebrity Chef*），Short Books，伦敦，2003。

图 7.2
-
《地下室的奢华生活》，艾萨克·克鲁克香克印刷（1819 年）。
-
托管于大英博物馆。

这些言论令人不安，这部小说的面世也屡次受到威胁："新曝光的人物当然觉得很烦乱，他们使出各种伎俩想查禁这个故事，但徒劳无功"；"出版商不禁注意到，每天都有人想阻止这部作品的销售——不管那些新曝光的人物有多愤怒，他们都是活该。他们的嫉妒、仇恨和恶意反而让小说更加畅销"。[1]

《晨报》形容海吉霍格的社会政治故事"曝光"了高层圈子的真实人物，将他们本想隐藏的生活暴露在大众的审视之下，痛斥其恶行。文风奇特，让人既感不安又觉害怕（图 7.2）。《英王阁；或在布莱顿的一个月》（*The pavilion; or, A month in Brighton*）讲述了"格雷戈里亲王"去布莱顿游览的故事：他挥霍无度，当地民众苦不堪言，愤恨之下准备反击，暴动一触即发。国家处于"被压迫被损害的状态"。鲁莽的格雷戈里亲王匿名来到布莱顿，进行了一场堂吉诃德式的漫游，旨在"体察民情，以解思民之忧"。民不聊生，他却嬉戏游乐；愤怒的人民食不果腹，他却当面大快朵颐。这位亲王堪称腐败和无耻的象征。[2]

这些描写读起来都不怎么舒心。海吉霍格（本人可能是省内的书商兼印刷商约翰·阿格，是个古怪的人）大概正忙于煽动当地的争论，无暇润色自己的散文，但这并非唯一的原因。[3] 本地传闻说亲王乔装潜行，探听人们对他的真实看法；当时坊间又流传着一些污秽的谣言，加之百姓生活如同人间炼狱，触目惊心。种种原因让读到文章的人大倒胃口。这部小说上承托比亚斯·斯摩莱特，下启乔治·奥威尔。传播迅猛、鞭辟入里，嬉笑怒骂毫不留情，辛辣讽刺了 1817 年的社会和政治形势，以及作

1 《晨报》(*Morning Chronicle*)，1817 年 3 月 10 日；《晨报》，1817 年 5 月 19 日。

2 汉弗里·海吉霍格 [约翰·阿格]，《英王阁；或在布莱顿的一个月》，《英王阁》，2 卷本，伦敦，1817，卷 1，pp.63, 107。

3 根据英国图书贸易指数（British Book Trade Index），(<http://bbti.bodleian.ox.ac.uk/>)，阿格激情澎湃的职业生涯始于伍斯特郡的伊夫舍姆，从书商和印刷商学徒做起，从 1790 年到 1825 年一直在做这行。由于性格所致，他写的东西总是让自己惹上麻烦。1814 年，他因诽谤罪被囚禁在王座法庭监狱。

High life below Stairs! a new Farce as lately perform'd at the
-trenchers, Shoe-blacks, Cinder sifters Candle snuffers &c. &c. of that Theatre, but which was

Royal Brighton for the edification & amusement of the Cooks, Scullions, Dishwashers, Lick-
ely Damn'd the first night by Common Sense!

者面对明目张胆的欺压迫害时的反应：

> 读者……可以探知后文将要涉及的话题。彼时天下水深火热，百姓穷困潦倒，饿殍遍野。身居高位者本应上承天意，下拯万民，却整日挥霍无度，无怪乎每天都受到各种讥讽。[1]

这段颇有中世纪文风的文字看似突兀，却表明当时沃尔特·司各特的影响之大，他的小说在1817年席卷了出版界。十九世纪前几十年中，小说界和政界屡有关于文风的争论，争论焦点是要不要回到更早的，确切来说是中世纪的文风和道德规范：小说应该落脚于遥远的过去以寻求庇佑，还是应该清晰准确地描绘这堕落或者优越现世的文风和道德规范？虚构故事能否同时融合这些类型？应该采取批判的，悲哀的还是戏谑的态度？反思过去还是现实，抑或同时反思这两者？

海吉霍格的小说篇幅短小，来势凶猛，描绘了一个迟缓肥胖的男人遗祸人间的故事。如同当年发表的其他小说一样，这部小说也充满了迫近的危险和长篇大论。

观点的交流是1817年小说的生命线，其中有些观点论及世人公认的小说本身的低下地位。众所周知，到此阶段为止，这部小说并无新奇之处。但它的特性得到了持续展现，托马斯·洛夫·皮科克在同年发表了一个奇异新颖的故事，其中把这种特性称为“虚构故事的多产性”。[2] 很多十九世纪初的小说家都颇为主动，甚至极力增强小说的功能，重新思考书本长度的虚构故事应该有怎样的形式和目的。这场实验催生了很多小说风格，有滑稽的、伤感的、历史的、政治的和哲学的；有些虚构故事是对话

---

1 汉弗里·海吉霍格，《英王阁》，卷1，pp. 10-11。

2 托马斯·洛夫·皮科克，《险峻堂》(*Melincourt*)，《鲁莽大堂》(*Headlong Hall*) 作者作品，3卷本，T. Hookham, Jun., and Co., and Baldwin, Cradock and Joy，伦敦，1817，卷3，p. 73。

体，包含广泛笼统的叙述；有些小说采取公共的、社会的、入世的立场；有些描写家庭礼仪和私人感情；有些书的目的就是为了曝光一些人，有些则措辞严谨，刻意保持客观的态度。以这些原因为借口，有些虚构故事的作者自信满满，尝试用自己不熟悉的方法来设计并诠释角色。在 Azile D'Arcy 的五卷本《偏见；或观相术》中，[1] 用大量篇幅抨击了约翰·卡斯帕·拉瓦特的理论，他那流传甚广的伪科学方法认为能从一个人的外在面容推断其个性。[2]

1817 年的众多小说有一些共性：对于女性在社会和家庭中起到的作用、承担的责任和充当的角色，这些小说普遍都持关注、轻蔑、警惕的态度，并时常显出一丝同情，尤其是在婚姻和教育方面。伟人所具有的善与恶受到仔细审视，并与摄政王身上表现出的惹人注目的品质形成了对比。浮现出来的是千疮百孔的社会现实，而同时自然又是那么纯净美好，赏心悦目。很多小说尝试使用对话体，胡乱采用可能导致误解的叙述方式。之所以产生误解，可能是因为使用了专业术语，也可能是由于叙述时使用了一种只有特定读者和听众才能马上理解的特殊用语。人们不停地交谈，但并不总是能得到倾听。小说中的世界广袤无垠，想象力如天马行空，所有作者都如实使用描述自己本地和本民族的风俗习惯。这使得小说内容丰富多彩，引人入胜，读起来既惊奇又愉悦。

1817 年的大部分小说，无论直接或间接，不管是在主题还是在形式上，都显示出对历史的关注，这也许是这些小说的共同点所在。小说是关于现状或过去的真实描述吗？这样理解小说是否最为恰当？虚构故事中的事件是否应该以现实为原型，或

1 《观相术文集：增进知识与博爱》，出版社为 A.K.Newman and Company 出版，伦敦，1817。

2 参见约翰·卡斯帕·拉瓦特，Physiognomische Fragmente zur Beförderung der Menschenkenntnis und Menschenliebe，4 卷本，Weidmanns，Erben, und Reich，莱比锡，1775-8。

者是否至少应该具备现实的可能性？1817 年，公众读到的小说题材广泛。有的是对世道不公的愤懑描写，有的是遥远过去的异域传奇——虽说是过去，但也可以理解为与当时的社会问题直接相关。这时一种新型小说开始大行其道。其语言古旧，富有诗意（如托马斯·穆尔的《拉拉鲁克》），用华丽叙述再现了逼真的现实。[1] 这些作品很好地利用了自身文风混杂的特点：穆尔将叙事诗分作四段，中间用散文故事连接起来。1817 年的小说有各种形式和声音，但都充满了过去与现实的各种碰撞。碰撞的结果有时滑稽，有时悲哀；小说处于现实世界的包围和环绕中，时而凭天马行空的想象去之千里，时而以激愤的姿态入世有为。透过这些小说向前眺望，狄更斯的身影隐约可见。

以出版史的视角来看，大多数小说家和小说读者都为这种流派的发展付出了不小的代价。因其制作成本高，利润却很少。奥斯汀的《诺桑觉寺》和《劝导》首次出版是以四卷本的形式，首次印刷时间是 1817 年末（封面所印时间是 1818 年），印数为 1750 本，其中有 282 本三年后还没卖出去。[2] 詹姆斯·雷文特别指出，当时的小说有一些显著的特点："零售价高，版本在售时间短、印数少，制作成本高。小说家穷困潦倒，备受剥削。"[3] 一本普通的三卷本小说，读者想要读到一两卷或者全本，得费尽各种周折。大部分读书人买不起这类作品，或觉得太贵不想买。他们可能会借雇主或亲戚朋友的书看，或去流动图书馆借阅（有些出版商有自己附属的流动图书馆，比如 Minerva 出版社的创始人威廉·莱恩）（图 7.3—7.5）。读书俱乐部和书友会也促进了这

1 托马斯·穆尔，《拉拉鲁克，一个东方传奇故事，配插图注释》（*Lallah Rookh. An Oriental Romance, With Illustrative Notes*），Longman, Hurst, Rees, Orme, and Brown，伦敦，1817。

2 威廉·圣克莱尔，《浪漫主义时期的国家阅读》（*The Reading Nation in the Romantic Period*），剑桥大学出版社，剑桥，2004，p. 580。

3 詹姆斯·雷文，"生产"（Production），收录于彼得·加塞德、克伦·奥布莱恩（编辑），《牛津英国小说史》（*The Oxford History of the Novel in English*），卷 2：《英格兰和不列颠虚构故事》（*English and British Fiction*），牛津大学出版社，牛津，2015，pp. 4-28（p. 28）。

图 7.3

-

《斯卡布罗的诗意图画》中的流动图书馆，中有罗兰森的藏书票（1813 年）。

-

牛津大学博德利图书馆，G. A.Yorks 4-253，版画 p. 140.

些奢侈品的流传，尽管小说家们肯定对此喜忧参半；奥斯汀在 1814 年 11 月 30 日写信（信件编号 114）给外甥女范妮·奈特，抱怨人们“不愿购买，更愿意借阅和夸赞”。

宝贵的一卷或多卷小说一拿到手，读者便可能静静默读，或大声朗读；可能独自阅读，也可能和亲友一起读。不论读者是手不释卷还是味同嚼蜡，都经常反复读同一部小说，即使没有整本读完。读者对一部虚构作品的态度可能是热爱或欣赏或无感，但都会反复阅读，这可能是因为小说被当成奢侈的印刷艺术品，也可能有别的原因。1817 年的读者可能会心安理得地随意翻阅有幸得到的任何材料。换个角度看，这种千姿百态的景象也（通过对比）证明，很多此类虚构故事都是杂乱无章的。如果读者已经认定这些作品都是零星写成，或都是按套路写就，那么他们也可能会质疑凭什么自己还要认真踏实地从头读到尾。因此，既然作者已经认定没有读者会尊重或注意到作品的结构完整性，那么他们也不会在这一点上多下功夫。反过来说，小说家在写作时对于自己作品的遭遇可能也早有假定，他们知道评论家会注意到小说中出彩和值得保留的部分，并很快抽取出来做大段引用或文雅的摘录。

1817 年在英国发行的一些小说，包括不太出名的作品，都很快被翻译成欧洲国家的语言并运往欧洲销售，之后又在美国出版。爱德华·穆尔的《匈牙利之谜》1817 年在英国出版，同年就被译成法语。弗朗西斯·穆尔的《风度》也于当年在美国和英国出版。皮科克的《险峻堂》（没有署名或副标题）于 1817 年在英国和美国出版，1818 年翻译成法语；玛利亚·埃奇沃思的二合一作品《哈灵顿；奥蒙德》在美国出版并被翻译成法语（都是在 1817 年），安娜·玛利亚·波特的《圣约翰的骑士》也是这样。沃尔特·司各特的《罗布·罗伊》于 1817 年在英国出版，不到两年就登陆美国，并被译成法语和德语（图 7.6）。奥斯汀的《劝导》和《诺桑觉寺》译本面世稍晚；《劝导》法语版首次出版是

and its

Just
Published

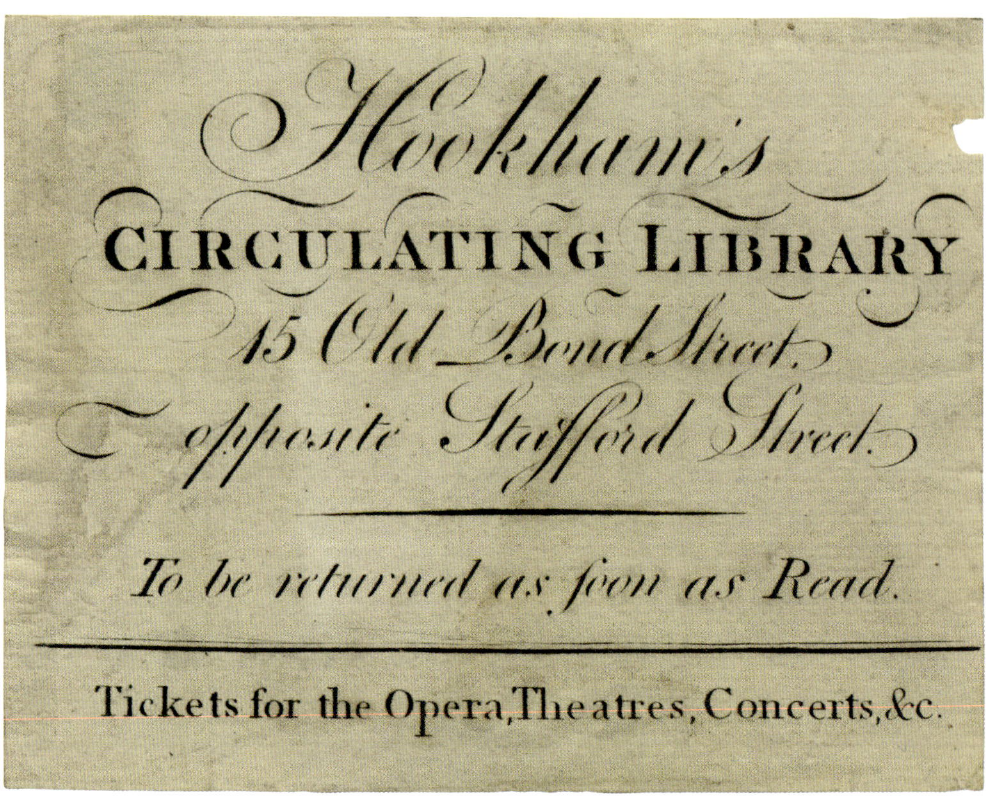

图 7.4
-
胡卡姆插画《流动图书馆》，c.1800。
-
牛津，博德利图书馆，约翰·约翰逊藏品，流动图书馆 1（71c）。

在 1821 年，《诺桑觉寺》是 1824 年；1822 年，德语版《劝导》出版。十年之后，费城出版社出版了《劝导》，1833 年又出版了《诺桑觉寺》。

从十八世纪五十年代到十九世纪头十年，小说出版量一直稳步增长，但在第二个十年却有所下降。

简·奥斯汀开始出版小说的十年，恰逢小说出版量增长五十多年后的首次下降，倘若她知道这一点，也许会略感失望。预定于 1817 年出版的约 55 本新小说中，绝大多数是在伦敦出版的。1770 年至 1819 年出版的小说中，略多于 60% 的小说在标题页上登出了作者的名字。奥斯汀的首部小说署名“一位女士”，颇

THIS BOOK BELONGS TO

Anthony Soulby's Circulating Library,

Penrith;

WHERE Books may be had to read by the Year, half Year, Quarter, or ſingle Book: If any Book be dirtied or written in, the whole ſet to be paid for. Subſcription Four Shillings per Quarter, Two Shillings a ſingle Month, and in proportion for the Year.

Non-Subſcribers Two-pence a Week, for a Duodecimo Volume, and Three-pence for a fortnight; Three-pence per Week for an Octavo Volume, and Four-pence a Fortnight, for One Perſon's reading only.

Printing-work neatly and expeditiouſly executed.

图 7.5
-
索尔比流动图书馆中的藏书票，1772—1816 年。
-
牛津，博德利图书馆，约翰·约翰逊藏品，流动图书馆 2（32）。

为娴静，不过她之后的作品就用了固定程式，让读者想到“……著”的早期标题。十八世纪八十年代突然涌现出一批署名为“一位女士”的小说（当时青春期的奥斯汀正在写她的戏谑作品），1785 年的小说中有四分之一都是这样署名的。到十八世纪九十年代，这一比例已降到 5%，之后更是“业已式微”。仍被人们记得的 1817 年的小说家中，皮科克和奥斯汀选择不在标题页上透露真名。其他作家如司各特则偏爱用假名。

1806 年到 1818 年间，伊丽莎白·托马斯在 Minerva 出版社出了 9 部小说，用的笔名是布里奇特·蓝斗篷夫人，听上去像个朴实忙碌的主妇。

图 7.6

-

沃尔特·司各特坐姿半身肖像，面向右，怀中抱狗。威廉·尼科尔森蚀刻画，1817 年。

-

美国国会图书馆，印刷品和照片部。

我们今天所说的“小说”是个统称，涵盖多种流派；作者出于倾向的不同，可能把自己的作品称为故事、历史、历险记、传奇和“小说”本身。想要区分这几种类型可能是困难的，或富有成效的，或毫无意义的。从少年时起，奥斯汀就开始练习作品命名的技艺。终其一生，她都把自己出版的所有虚构作品归类为“一部小说”。十九世纪第二个十年中，女性作者出版的书本长度的虚构故事确实倾向于取个某种通用标记：“一部小说”算是其中最显眼的说法。1817 年出版的塞琳娜·达文波特、Aziléd’Arcy、伊丽莎白·托马斯和亨丽埃塔·鲁维埃·莫塞的作品都是这样。

不管是过去还是现在，任何小说作家都会热切地等待对其小说的书评；倘若他们的作品引起注意，他们可能会期待有个较短的新书评论和情节摘要，随后是为读者选出的精彩或有趣的长篇摘录，或者特别令人悲恸的部分描写。大段引用的做法的确很常见。不论是放在正文还是脚注里，不论对作者是痛批还是夸赞，这已是标准的做法。有的评论者没有引用原文时，还要特别说明这是非常规的做法。书评通常是简短严苛的，满是阅尽千篇的倦怠气息。偶有新的好作品出现时，书评就会充满宽慰和感激的语气，与平时更显不同。

托马斯·洛夫·皮科克备受好评的第二部小说《险峻堂》于 1817 年出版，和汉弗里·海吉霍格的《英王阁；或在布莱顿的一个月》出版时间在同一个月。

《险峻堂》虽是小说，但讽刺犀利，人物众多，文体技法和喜剧手段也更为多样。女性小说家、女性对话和女性教育都是此书的显著特色，但这部对话体小说最大的玩笑却是其主人公。这位彬彬有礼的猩猩大摇大摆地穿越堕落的人群，却口不能言。这部不长的小说中含有大量有用的知识，一位评论家对此大加赞赏。赞赏用的措辞颇为独特，说读杂志比读虚构作品更为有益，除非虚构作品都像这部一样，包罗万象又滑稽好笑。

事实上，小说和新闻这两种写作形式已经联系在一起，其间的联系还会更加丰富，查尔斯·狄更斯就是代表人物。他的职业生涯始于在《本特利氏杂志》上发表关于皮科克的文章《童年回忆》：

> 《险峻堂》以小说形式出版，是部独一无二的作品：富有寓意，包罗万象，对时事的讽刺既尖锐又不失风度，鞭挞丑恶时绝不留情。没有什么能逃过这位无与伦比的作家锐利的目光和公正的反思，然而他的讽刺中又夹杂着那么多戏谑的优雅，那么多杰出的机智。皮科克幽默地称那件“高贵的东西，良心”就算有，也被丢掉了。即使是被讽刺得最狠的人，也会忍俊不禁，认同他的说法，承认受到的讽刺是理所应当。[1]

皮科克喜欢在脚注中说明他笔下角色台词的出处，这种富有讽刺意味和官僚作风的做法在《险峻堂》中体现得最为明显。在第 6 章中，Telegraph Paxarett 爵士和西尔万·福雷斯特先生就 Oran Haut-Ton（译注：拼写接近 orangutan，红毛猩猩）爵士的出身和秉性进行争论。福雷斯特先生泛泛地论道“最开明、最杰出的哲学家都认为他（就是那只猩猩）是个自然的、真正的人”，皮科克在脚注中引用了四段话来支持这个观点（卷 1，p68-70）。

皮科克主要担忧的是心智方面不可靠。虽说如此，但他的故事仍然满是打情骂俏，你侬我侬。与这一时代的很多其他小说一样，大多以婚姻结尾。1817 年的另一部此类小说是弗朗西斯·霍尔克罗夫特的四卷本《坚韧与脆弱》。开篇是处心积虑的两兄妹之间轻松、讽刺的对话，哥哥利奥兰·哈格瑞夫（喜好

1 La Belle Assemblée，未作说明，卷 15，1817 年 4 月，pp. 188-90。

“嗤笑讥讽”）决心拿下一位富裕家庭的嗣女，省得自己去赚钱谋生。[1]

很多小说，包括这部在内，仍然大量使用十八世纪小说中常用的名字和传统手法，如塞缪尔·理查森的对话体虚构故事（“克拉丽莎”、“哈格瑞夫”）。奥斯汀也曾承认，理查森是她青少年时最喜欢的作家和写作榜样。这些名字和手法在与奥斯汀时代相近的弗朗西斯·伯尼的作品中，以及时人日用而不知的习惯中都有所体现。与此相对，理查森的宿敌亨利·菲尔丁的影响力也依然强大——可能在玛利亚·埃奇沃思的《奥蒙德》中特别明显，书中的妇女粗鲁无礼，魁梧喧闹。沃尔特·司各特笔下的流浪汉英雄罗布·罗伊也与菲尔丁笔下胆大妄为的汤姆·琼斯遥相呼应。

1817 年年中，塞琳娜·达文波特的《闰年：或一位女性的特权》出版，这是这位勇于进取、足智多谋的女作家多年来完成的第五部小说。她的大多数小说都由 Minerva 出版社出版，这家出版社以言情小说和哥特小说闻名，尤其是出版了很多女性创作的小说。仅在 1817 这一年中，就同时出版了（包括）伊丽莎白·托马斯的《顽固的克劳丁》、亨丽埃塔·鲁维埃·莫塞的《新娘不是妻》、凯瑟琳娜·塞尔登的 Santelle 别墅；或奇怪的粗鲁：一部传奇（*Villa Santelle; or The Curious Impertinent.A Romance*），以及爱德华·穆尔的《匈牙利之谜：十五世纪浪漫史》。达文波特与丈夫分居后开始以写作谋生，养活自己和两个女儿。她的故事生动地说明了十九世纪头十年中，一位坚毅的女性作家是怎样开始以写小说谋生的，也说明了在成长道路上需要培养哪些关系。写小说只是达文波特谋生手段中的一种（鉴于小说家收入之微薄，可能是最不赚钱的一种）。她出版了十一部以女性为主角和受众的长

1 弗朗西斯·霍尔克罗夫特，《坚韧与脆弱：一部小说》（*Fortitude and Frailty: A Novel*），4 卷本，W. Simpkin and R. Marshall，伦敦，1817，卷 1，p. 40。

篇言情小说——创作这些故事的首要目的是养活自己和两个女儿——之后便罢笔，在柴郡纳茨福德开了家小店。后来伊丽莎白·盖斯凯尔在1851年出版的小说《克兰弗德》的故事背景正是这座小镇。

1817年，玛利亚·埃奇沃思的二合一小说《哈灵顿；奥蒙德》出版，推动了历史小说在欧洲的发行。司各特读过她的小说后，学到了作为小说家该如何将一种文化传统引入另一种文化之中，可能是通过较长的时期，也可能是在当前短时间内。埃奇沃思家族与大革命前的法国社会间的关系直接启发了《奥蒙德》的创作，这部小说是她在父亲病重之时仓促写就的。小说背景既有时尚的巴黎，也有荒凉的爱尔兰西海岸。在其姐妹篇《哈灵顿》中，埃奇沃思通过虚构故事描绘了英国的生活，并试图弥补《缺席者》（1812年）中的一段反犹言论，但不成功。这是她16年中写过的最后几部面向成年人的小说。总体来说，相比于《哈灵顿》，拥有众多爱尔兰角色的《奥蒙德》受到的评价要好得多。埃奇沃思试图消除对犹太人的偏见，特别是想反转她自己的反犹主义者形象，但很多读者对此都有不同程度的抗拒。在此之后，人们就这个故事和其中显而易见的信息进行了辩论，争论的焦点是一个棘手的问题：小说能否成功道出此类道德寓意？甚至，小说是否应当承担这样的功能？

与埃奇沃思1817年的小说类似的这些作品总有些道德说教的意味。虽然评论家也认为小说应具有教育的作用，但他们开始觉得道德说教并不适合这些小说的主调。当时许多评论家都热衷于指出女性作品中的语法错误，那些最为宏大的历史小说也在指摘之列。下段文字摘自对安娜·玛利亚·波特《圣约翰的骑士：传奇故事》的短评（1817年9月）：

这部作品充满了一种浪漫却又高尚的情怀；很多场景描写是令人愉悦又充满想象力的；……但整体而言，这部传奇故事在趣味性方面稍有欠缺，在成熟性方面略显不足；……

有些错误的表达也必须指出，例如第 3 卷 p.14. ‘fetching a sigh:’ p. 17. ‘the thick of the fight:’ p. 26. ‘without the siege were raised, he knew the fort must fall:’ p. 346. ‘plunging into the thick of the combatants:’ p.140. ‘La Cittenotabile,’ 而不是 La Citta, &c.&c.[1]

在 Santelle 别墅；或奇怪的粗鲁：一部传奇（*Villa Santelle; or The Curious Impertinent.A Romance*）的前言中，凯瑟琳娜·塞尔登称自己为“历史学家”。[2] 事实上，她写的只是那种稀奇古怪且粗鲁无礼的欧洲哥特式历险故事，完全不是奥斯汀《诺桑觉寺》的女主角凯瑟琳·莫兰的对手。两位西班牙人在意大利旅行，其中一位是卡斯蒂利亚的年轻贵族 Henriquez de Villasantelle，这个故事就以他命名。

这两个年轻人不知死活地到处刨根问底，还不能自已地追求两位陌生的美女（善良的维多利亚和邪恶卑鄙的伊莎贝尔）。故事场景包括阴郁的公寓、地下墓穴和地底通道。消失的尸体；许多修道士；几次偶然的邂逅；满是盔甲的走廊（有些盔甲会动）；血染的地板；月光；斗篷和面纱；谋杀；背信弃义；更多月光；蒙冤入狱；惊人的真相（当然包括最终揭晓的父亲的身份）和表白——在月光下——结局是（不出所料）英雄和他的维多利亚永远幸福地生活在一起。

再说回英国，夏洛特公主历经 50 小时的分娩，诞下一名 9 磅重的男婴死胎，随后于 1817 年 11 月 5 日死于难产，消息传出，举国上下悲愤欲绝。负责接生的皇家医生理察·告罗夫爵士自

1 对安娜·玛利亚·波特的《圣约翰的骑士：传奇故事》（*The Knight of St John, A Romance*）的评论，3 卷本，Longman, Hurst, Rees, Orme, and Brown，伦敦，1817，收录于《评论月刊》（*The Monthly Review*），系列二，no.85，1818 年 3 月，pp. 328-9 (p. 329)。

2 凯瑟琳娜·塞尔登，Villasantelle; or The Curious Impertinent.A Romance，A. K. Newman and Co.，伦敦，1817，前言，p. ii。

图 7.7
-
《诺桑觉寺和劝导》标题页（约翰·默里出版社，伦敦，1818 年）。
-
牛津大学博德利图书馆，Dunston B 121.

杀。在这样奇怪的氛围中，弗朗西斯·布鲁克的《风度》出版，这本社会小说没能让评论家相信下层爱尔兰人有风度这种东西。威廉·戈德温也出版了《曼德维尔：十七世纪英国故事》，是个有关英国和爱尔兰的虚构故事。

1817 年下半年某个时候，亨利和卡桑德拉·奥斯汀同约翰·默里商谈了合并出版《诺桑觉寺》和《劝导》的事宜（《诺桑觉寺》显然是他们选的书名，因为之前的标题是《苏珊夫人》，1817 年时简·奥斯汀还称其为《凯瑟琳》）（图 7.7）。亨利·奥斯汀的《传记短评》标注日期为 1817 年 12 月 13 日，用作新版四卷本（每部小说各两卷）的前言；在《短评》中，奥斯汀的名字第一次作为这六部小说公认的作者出现。两部作品先是在 12 月 17 日的《信使》上登了广告，之后于 1817 年 12 月 20 日出版。《诺桑觉寺》被描述为"传奇故事"，《劝导》则被称为"小说"，不过标题页中并未做出区分。广告文案的作者可能读过小说家克拉拉·里夫阐释的两者的区别：

> 传奇故事是英雄传说，讲的是神话般的人和事。——小说描绘的是真实的生活和礼仪，以及当时当世的图景。传奇故事用神圣崇高的语言描述子虚乌有或虚无缥缈之事。——小说则讲述人们每天亲历的平常之事，可能是朋友或自己的经历；小说中的佳作会把每个场景描写得轻松自然、真实细致，让人信以为真（至少阅读时会这样），对书中人的喜悲感同身受，仿佛书中情节都是自己的亲身经历一般。[1]

不过，选中《诺桑觉寺》或许算是亨利和卡桑德拉的疏忽。

1 克拉拉·里夫，《传奇故事在不同时代、国家和形式中的演变……晚间谈话》（*The Progress of Romance through Times, Countries and Manners ... in a Course of Evening Conversation*），2 卷本，为作者印刷，科尔切斯特，1785，p. 111。

NORTHANGER ABBEY:

AND

PERSUASION.

BY THE AUTHOR OF "PRIDE AND PREJUDICE,"
"MANSFIELD-PARK," &C.

WITH A BIOGRAPHICAL NOTICE OF THE
AUTHOR.

IN FOUR VOLUMES.

VOL. I.

LONDON:
JOHN MURRAY, ALBEMARLE-STREET.
1818.

1784 年到 1818 年之间，有 32 部小说的标题中都含有“修道院”，其他小说中也有大量对隐修院、小修院、男修道院、女修道院，以及修士和修女的描写。读者们在 1818 年之初看到又一本以寺院为题的小说时，很可能会认为内容不过是老套的情节，类似于里夫提到过的“传奇故事”。在某种意义上，《诺桑觉寺》确实是老套路。虽然原因不同，但它与《劝导》一样，也关联着过去的时光：那是十九世纪之交，奥斯汀正是二十几岁的年华。

到 1816 年时，巴斯本身也有些衰落了（对于芳华已逝的安妮 · 艾略特和她紧握抗衰老面霜的父亲来说，这正是个合适的去处）。[1]

1817 年底，她的最后一部完整小说《劝导》与早期的虚构作品《诺桑觉寺》合并出版，这让读者能够比较两种截然不同的对过去的描述。在《劝导》中，奥斯汀屡次直接提及拿破仑战争，这是人们都记得的历史事件。而在《诺桑觉寺》中，历史更多地表现为似是而非的久远过去，间杂着哥特小说式的歪曲。

沃尔特 · 司各特是与奥斯汀同时代的小说家。在范妮 · 普莱斯眼中，他可能是慰藉的来源，但在眼光犀利的奥斯汀看来却是位竞争者。[2] 有件事提起来令人不快，却恰好能说明问题：奥斯汀的最后几部小说和司各特《威弗莱》系列小说中的第五部是在同一个月内出版的；同为小说家，两人都极为看重作品的成功和利润。1817 年的最后一天，《诺桑觉寺和劝导》面世 11 天后，《罗布 · 罗伊》出版。第一批印刷的 1 万册很快售罄，仅两周后就需要再印 3 万册。毫无疑问，这是 1818 年最畅销的小说，销量势不可当。倘若奥斯汀再活一年，亲眼看到自己的小说被降价甩卖，她理应会做出像在 1814 年 9 月 28 日给外甥女安娜的信（信件编号 108）中那样的评论：

1 简 · 奥斯汀，《劝导》，第 16 章。

2 简 · 奥斯汀，《曼斯菲尔德庄园》，第 9 章。

沃尔特·司各特不应该写小说，尤其是写出好的小说。——这不公平。——他已经是个名利双收的诗人，不该再抢别人的饭碗。——我不喜欢他。如果我能忍住，我也不愿欣赏《威弗莱》——但我担心自己忍不住。

这种焦虑丝毫无损奥斯汀小说在2017年的盛名：她并没有被读者打入冷宫。

Jane Aust

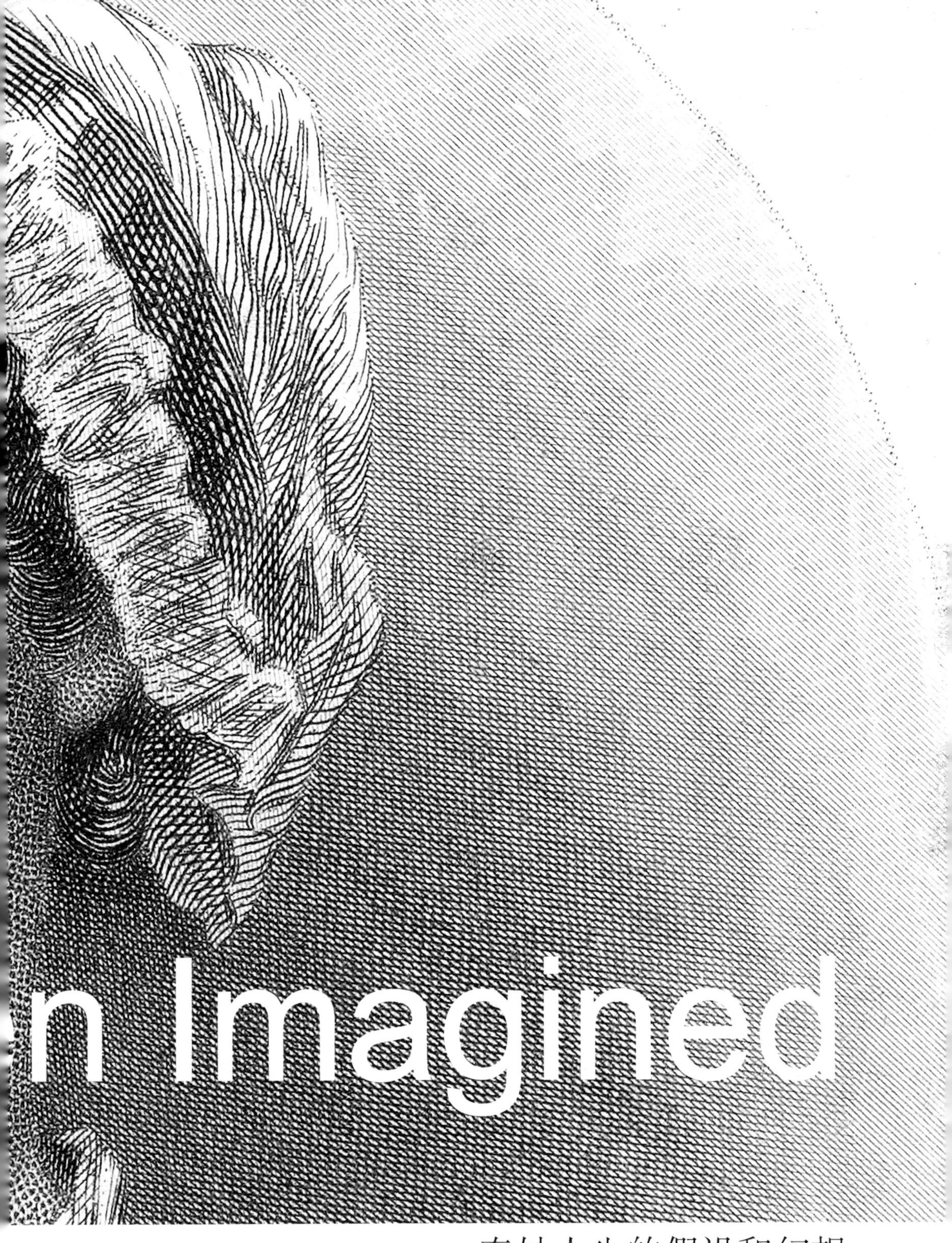

奇妙人生的假设和幻想

8 珍贵肖像的前世今生

苏珊·欧文斯

图 8.1

-

卡桑德拉·奥斯汀（1773—1845），奥斯汀肖像，c.1810。石墨和水彩画。

-

国家肖像馆，伦敦。

“拥有她的一幅好画像该是多么美妙啊！我愿意拿全部财产换取这样一幅画。”

《爱玛》，第 6 章。

想象一下，如果简·奥斯汀没有错失留下专业肖像的良机会如何？这是种令人深思的消遣。莎士比亚只留下了一幅被公认为是他在世时画的肖像，实属遗憾。奥斯汀也是如此，这真是令人痛惜。[1] 到十九世纪初时，英国的艺术正享有前所未有的崇高地位，新一代才华横溢的艺术家们正大力振兴肖像艺术。素描技法能够用来画各种更为私密、随意的肖像，价格又比油画便宜得多，因此特别受欢迎。

那么，如果大胆设想的话，谁可能替简·奥斯汀画过肖像呢？理查德·科斯威是人选之一。他是一位成就卓著的袖珍肖像画家和制图师，必定能画出她“圆润的脸颊”“淡褐色的明亮秀目”和她“波浪般披垂在脸旁的棕色头发”。[2] 另一位人选是托马斯·劳伦斯，尽管很难想象他那种摄政王时代明艳绚烂的风格会

1 参见凯瑟琳·邓肯-琼斯，莎士比亚肖像，博德利图书馆，牛津，2015，p. 75。由于此文讨论的是成年奥斯汀的肖像，且“莱斯”肖像的真实性未定，因此本文暂不讨论。

2 奥斯汀-利，《回忆录》，编辑：萨瑟兰，p. 70。

对奥斯汀的胃口。时尚肖像制图师约翰·唐曼倘若画起奥斯汀喜欢的“小圆帽”来，即使画风要更为克制，也肯定乐在其中。他的技法是在薄薄纸张的背面涂上水彩，让肖像人物的面颊略显红润。要是画奥斯汀的话，肯定能让她“白净”肤色的“丰满色泽”更为动人。[1] 但或许亨利·埃德里奇才是最佳人选。埃德里奇用铅笔作淡墨素描，用色简约又不失细腻。如果他能为奥斯汀画一幅全身肖像，一定能衬托出她高挑纤细的体形，以及与她矜持天性一致的娴静端庄的气场。[2]

十八世纪下半叶，名人肖像风靡一时，奥斯汀却偏偏没有一幅“正式”的肖像，这是特别讽刺的一点。到乔治王和摄政王时代后期，在这个被塞缪尔·泰勒·柯勒律治蔑称为“这个个性的时代”，显赫男性（偶尔也有女性）的肖像促成了当代英雄的产生，也成为了对他们的纪念，起到了前所未有的作用。[3] 这种情况体现在各个层次的绘画中：从卡桑德拉·奥斯汀为简·奥斯汀少年时期的戏谑作品《英国史》（1791 年）画的袖珍插画，到大量的英国历史书中主要人物的印刷插画，再到托马斯·劳伦斯受乔治四世委托为 28 位讨伐拿破仑的有功之臣所画的肖像（这些肖像悬挂在后来的温莎城堡滑铁卢厅中），概莫能外。皇家艺术研究院会员乔治·丹斯为伦敦艺术界人士和其他“杰出人物”画了 200 多张侧面像。这些画像被威廉·丹尼尔蚀刻在书上，从 1802 年开始出版，并配有生平简介。

1822 年，书商托马斯·卡德尔和威廉·戴维斯试图开展一项宏伟的计划，为当世名流保存群像，计划名为“英国当代肖像画廊：英国和爱尔兰在世和最近去世的显赫人物版画；真人肖像

1　写给卡桑德拉·奥斯汀，1813 年 9 月 15—16 日，信件编号 87；奥斯汀 - 利，《回忆录》，编辑：萨瑟兰，p.70。

2　劳埃德、基姆·斯隆，《私人肖像：从拉姆齐到劳伦斯的画像、微型画和粉蜡笔画》（*The Intimate Portrait: Drawings, Miniatures and Pastels from Ramsay to Lawrence*），苏格兰国立美术馆，爱丁堡，2008。

3　塞缪尔·泰勒·柯勒律治，《朋友》（*The Friend*），编辑：芭芭拉·E. 布鲁克，2 卷本，Routledge & Kegan Paul，伦敦，1969，卷 2，p. 138。

画，或公认最为逼真的画像”。

简·奥斯汀当然不在这些“显赫人物”之列。事实上，直到1873年，她才获得应有的荣誉。那年她的肖像被收入埃弗特·A.戴金克的《欧美名人肖像画集》。这张印刷图片不仅没有翻印自“在世时精确描摹的”画像，而且只是粗略参考了理查·本特利的点刻画，也就是1870年《回忆录》卷首插画上用的那张——点刻画临摹的是詹姆斯·安德鲁斯的水彩画，是他在1869年受托所画——而这张水彩画临摹的又是卡桑德拉·奥斯汀1810年随手画的速写。经过63年的偶像化演变，人们对奥斯汀的肖像进行了重新想象，增加了作家的标志：墨水池和手稿。[1] 这段历史印证了一句古老的格言：期待的事情总会发生。

“这是我姐姐……”（《爱玛》，第6章）

简·奥斯汀最为人知的形象是她姐姐卡桑德拉画的肖像，画这幅画时她们刚搬到乔顿不久，简大约35岁（图8.1）。卡桑德拉所画简的肖像目前仅存两幅，这是其中一幅。[2] 卡桑德拉如此吝惜笔墨吗？或者，她是否像爱玛·伍德豪斯一样，有一套肖像画夹，其中也有很多简的肖像，但很早以前就丢了呢？

这种可能是完全合理的。在这个时期，全英国上下的画师都备着画笔和写生簿，准备随时为风景画构图，或为朋友画像。对

1 埃弗特·A.戴金克，《欧美名人肖像画集：包括历史人物、政界、海军和陆军、哲学界、戏剧界、科学界、文学界和艺术界的名人，附传记》（*Portrait Gallery of Eminent Men and Women of Europe and America: embracing history, statesmanship, naval and military life, philosophy, the drama, science, literature and art, with biographies*），2卷本，Johnson & Gittens，纽约，1873，卷1，408、409页之间。奇怪的是，这幅雕刻肖像中还给奥斯汀画上了婚戒。在美国有幅相关的画作，属私人藏品。近至2016年，《泰晤士报文学增刊》还用这幅版画复制了奥斯汀的肖像［德沃尼·洛塞，“这是事实”（It is a truth），TLS，2016年4月1日；另参见迪尔德丽·勒·费伊的回应，TLS，2016年4月8日］。

2 或者是三幅——有人认为卡桑德拉为简的《英国史》中的玛丽一世配插图时，戏谑地使用了简自己的画像。参见Annette Upfal、克里斯汀·亚历山大，“我们为新方向做好准备了吗？简·奥斯汀的《英国史》和卡桑德拉的肖像”（Are We Ready for New Directions? Jane Austen's “The History of England” and Cassandra's Portraits），收录于“劝导：简·奥斯汀期刊在线”（Jane Austen Journal On-Line），卷30，no.2，2010，<http://www.jasna.org/persuasions/ on-line/vol30no2/upfal-alexander.html>，2016年1月12日访问。

图 8.2

-

卡桑德拉·奥斯汀（1773—1845），范妮·奈特肖像，c.1810。水彩画。

-

汉普郡简·奥斯汀故居图书馆。

于中上阶层来说，画素描和水彩画并非闲时消遣，而是才艺技能。因此绘画被认为是有益的活动——特别适合年轻人。据奥斯汀的哥哥亨利所说，奥斯汀自己“在她小时候”也画过画，而且“画铅笔画时展现出很高的天分”。

在卡桑德拉的一幅水彩画中，简最喜欢的外甥女范妮·奈特正把头垂在颜料盒上方，勤奋地作画，看上去正是画家的样子（图 8.2）。[1] 根据《年轻水彩画家的助手》（1824 年）的作者托马斯·史密斯所说，画水彩画是比打扑克或读小说等其他娱乐更高级的活动，因为绘画“肯定不会导致懊悔、焦虑、身体疲惫或精神萎靡”。[2] 风景画是最流行的主题，也是绝大多数绘画教学手册的重点，但业余画家也尝试画肖像画，用自己、同行、朋友和家人当模特——用奥斯汀的话说，“画像会让任何人都产生兴趣”（《爱玛》，第 6 章）。画一幅令人满意的肖像需要很高的技巧，可能会让一些爱好者望而却步。不过画肖像的优点在于除锻炼绘画技法外，还有帮助社交的作用。卡桑德拉的水彩画描绘的就是范妮在画肖像。

在爱玛·伍德豪斯准备为哈丽叶·史密斯画肖像那一段文字中，奥斯汀描述了爱玛画夹的内容，这段描写颇有价值，我们能够以当时的视角窥见绘画爱好者所画内容和所用工具：

> 爱玛希望立刻动手画，所以便取来画夹，里面装着她为各式人物所作的画像，这些画像没有一幅是最后完成的。他们可以讨论决定为哈丽叶作多大的画像。她将许多作画方式展示给大家。微型画、半身像、全身画、铅笔画、蜡笔画、水彩画都轮流尝试了一番。（第 6 章）

1　亨利·奥斯汀，《传记短评》（1818），收录于奥斯汀 - 利，《回忆录》，编辑：萨瑟兰，p. 139。

2　托马斯·史密斯，《年轻水彩画家的助手》（*The Young Artist's Assistant in the Art of Drawing in Water Colours*），Sherwood，Gilbert & Piper，伦敦，1824，p. v。

图 8.3
-
詹姆斯· 斯坦尼尔· 克拉克（1766—1834），女士肖像，水彩画。私人收藏。

爱玛尝试过各种不同的绘画尺寸，这既显示了她的活泼自信，也说明她对专业画家的画作非常熟悉。微型画是对面部特征的仔细描绘，通常是椭圆形。与此相比，全身像虽然要求更高，重点却是绘画对象所穿戴的服饰。詹姆斯·斯坦尼尔·克拉克牧师的《友谊书》中（图 8.3），收集的正是这种漂亮的“全身”肖像画，甚至有人提出那就是奥斯汀本人的肖像。[1]

爱玛的绘画工具仅限于业余爱好者常用的“铅笔、蜡笔和水彩”等几种。铅笔和今天用的类似。虽然从十七世纪末起，人们就开始把石墨棒（石墨是一种碳的同素异形体）塞入松木、杉木或雪松木外包层使用，但直到十八世纪末，尼克拉斯-雅克·孔德才发现可以把石墨粉用黏土和水混合，将其做成棒形放入窑中烘烤，制成硬度不等的所谓“黑铅”铅笔。爱玛的“蜡笔”应该是颜料粉棒，通常是由黑色、红色或白色粉末与黏土等填料以及阿拉伯胶（浓缩金合欢树胶）等黏合剂混合而成，并加入蜡或油以提高硬度和密度。[2] 蜡笔有时用纸包裹以保护双手，有时插入一端开口的黄铜或钢质蜡笔夹中，再用滑环固定到位。

水彩是业余爱好者最好的画材。1781 年，画材供应商威廉·里夫斯发明了可溶性的硬质水彩画颜料块，取代了画家之前使用的杂乱松散的颜料粉，使水彩画发生了革命性的变化。这些精美的颜料块通常印有制造商的标志，能严丝合缝地放入颜料盒中。颜料盒通常配有画家需要的一应用具，比如驼毛和紫貂毛笔（用亚洲貂毛制成，很容易打理）和用来吸收多余洗液的海绵小块。托马斯·史密斯在他的手册中列举了 12 种他认为适合业余爱好者的颜色：靛蓝、普鲁士蓝、威尼斯红、胭脂红、赭黄、藤

1　参见琼·克林格尔·雷、理查德·詹姆斯·惠勒，“詹姆斯·斯坦尼尔·克拉克的简·奥斯汀肖像”（*James Stanier Clarke's Portrait of Jane Austen*），收录于《劝导：简·奥斯汀期刊》，no.27，2005，pp. 112-18。

2　卡洛·詹姆斯等，《早期绘画大师的印刷品及图画：保养和保留指南》（*Old Master Prints and Drawings: A Guide to Preservation and Conservation*），编辑、翻译：马乔里·B. 科恩，阿姆斯特丹大学出版社，阿姆斯特丹，1997，pp. 71-2。

White
Gold Ornaments
for Drawing
of all Descriptions
Gold Size

Repository of Arts
ACKERMANN

图 8.4

-

无名画家模仿奥古斯都·查尔斯·普金（1769—1832）和托马斯·罗兰森（1757—1827）的作品。特兰德大街上的鲁道夫·阿克曼美术用品店，1809 年。蚀刻画和凹版蚀刻画，手工着色。

-

牛津，博德利图书馆，约翰·约翰逊藏品，阿克曼盒。

黄、生赭、深褐、焦赭、棕褐和炭黑。[1] 人们认为水彩画干净整洁，适合业余爱好者使用，不像气味刺鼻又很容易弄得乱糟糟的油画颜料，那些一般是专业画家才用的。

最后，还有卖专用画纸的：网目纸于十八世纪八十年代问世，表面光滑，没有普通信纸特有的纹路。市面上还有各种彩纸和写生簿在售。

十九世纪初时，出现了一些专做业余画家生意的商店，除了这些画材外，还出售期刊、时尚版画和装饰性版画。其中最时尚的店都开在伦敦：特兰德大街上鲁道夫·阿克曼的“美术用品店”，还有拉斯伯恩广场上 S. 富勒和 J. 富勒的“Temple of Fancy”。一幅当时的插画展现了前者店内琳琅满目的商品（图 8.4）。阿克曼的广告中包括多种美术用品，从他自己的“超细水彩”到印有浮雕的“特级纸品”，全都瞄准业余画家。[2]

在卡桑德拉为简画的半身像中，简呈坐姿，双臂交叠，脸转向右边，内着短袖宽松内衣，外套素色连衣裙，头戴圆帽。除了左边露出的椅背外，没有其他的背景。就像爱玛画夹里的肖像画一样，这幅画看起来也没画完。卡桑德拉用软铅笔描出了妹妹的五官和身形，用少量水彩仔细勾出了脸庞和头发。画眼睛时，她用了比头发和眉毛更暖的褐色。画脸颊时用了淡粉色，并混合了更深的颜色来画阴影。她用线条勾勒出漂亮的椭圆形边框，画得很轻但很清楚，这表明卡桑德拉下笔时可能并非只想随便画幅速写。

看来卡桑德拉是中途弃画了，原因何在？是因为这幅肖像画得不好吗？还是因为卡桑德拉捕捉到的简的面部表情不能令自己满意，或不能令简满意？这显然不符合当时业余绘画的常规。

简肯定没有像哈丽叶·史密斯一样刻意摆造型。“她脸上挂

1 托马斯·史密斯，《年轻水彩画家的助手》，Sherwood, Gilbert & Piper, 伦敦，1824，p. 24。

2 参见 <http://www.npg.org.uk/research/programmes/directory-of-suppliers/a.php>，2016 年 1 月 12 日访问。

着微笑，脸颊露出红晕，生怕不能保持一定的姿势和表情”（第6章）。这绝非原因所在。这幅简的肖像会不会是姐姐卡桑德拉“偷偷”画的呢？

就像爱玛为父亲作画一样，因为怕他紧张所以只能暗中观察？画中人物显露的是一种更为独特的表情，人在全神贯注时才会有这种面容。虽然卡桑德拉这幅画明显是业余水平，但肖像脸部线条细腻精致，上色也十分考究，这说明她极其用心。也许她捕捉到的简的表情是专业画家捕捉不到的——那是简待在舒适的家中，与亲爱的姐姐共处时的惬意神情。简双眉轻扬，嘴唇微翘，仿佛陷入了沉思。

但我们能否认为这幅画没有完成？对于这幅中途辍笔的肖像，还有一种观点认为卡桑德拉从来就没打算画完。毕竟，这幅画已经传递了最重要的信息——就算给简的衣服加上颜色和款式，或者给手臂和双手涂上肉色，或者丰富一下背景的细节，在美学品质和信息方面可能也没有多少补益。卡桑德拉在图周围画上椭圆线，目的可能是要标出卡片或衬纸的边界，以备将它们放在画纸上然后装框。今天国家肖像馆的肖像正是这样展示的：用金色衬纸板盖住画纸，露出椭圆形画像，再用框装起来。这种方法遮盖住了大部分空白背景，让“构图”显得更为巧妙。

此外，这一时期的素描肖像流行简约风格；通过精雕细琢追求完善并非时人所好。科斯威和劳伦斯等当红肖像制图师倾向于在画脸部时突出细节，通常用石墨打底，水彩或粉笔进一步完善，但在画身体和服装时只用寥寥数笔勾出。素描肖像（与油画相比）有一定自由度，可以画得随意而生动——就像兴之所至，一挥而就的作品。值得注意的是，奥斯汀本人十分欣赏未竟画像的魅力。她借小说中叙事者之口，对爱玛画夹中未完成的画作评论道：“每幅画都有些优点——越是没有完成的优点就越多。”（第6章）

图 8.5
-
卡桑德拉·奥斯汀（1773—1845），简·奥斯汀肖像，1804 年。笔、墨和水彩。私人收藏。

非常规的肖像

五六年前的 1804 年，卡桑德拉还为简画过另一幅肖像（图 8.5）。与几年后的那幅截然不同，这幅水彩画画的是奥斯汀的背影。画中的她坐在隆起的岸边土堤上临岸远眺，身旁是一棵树。简的背部挺直紧绷，左手轻搭在左膝上。她头戴一款宽前檐女帽，巨大的遮阳帽檐挡住了她的脸，只能看到粉红面颊的轮廓。1862 年，詹姆斯·爱德华·奥斯汀 - 利正在收集写回忆录的素材，奥斯汀的外甥女安娜·勒弗罗伊在写给他的一封信中描述了这张画像："卡桑德拉姨妈和她一起出游时为她画的速写——天气炎热，坐在户外，帽带散开。"[1] 可能简在这幅"肖像"中的坐姿也是她独有的。简去世后不久，她的哥哥亨利回忆道，"她喜欢欣赏风景，而且还颇有见地，不管是自然风光还是拉选票（原文如此）（译注：原文为 canvass，意为拉选票。疑为 canvas，意为油画布，此处借指风景画）"。[2]

以传统观点看来，这幅画的"完成度"高于几年后的那幅，因为整幅画都用水彩上了色。但也不全如此——奥斯汀出神凝望的景色并未画出来，这是除没有露脸之外的又一大缺失。她是在俯瞰乡村全景吗？还是在眺望大海？[3] 如此一来，这幅"肖像"就隐藏了这类图像中理应存在的两点重要信息，令人啼笑皆非。或许简也像伍德豪斯先生一样，不喜欢坐姿的肖像，1810 年的那张是趁她不备偷偷画的，有这种可能性吗？简会不会只允许卡桑德拉在她坐着休息欣赏景色时画她的背影，但不能露出脸部呢？不画景物，是不是开玩笑要让"肖像"故作神秘呢？或者，

1 引用于 R.W. 查普曼，《简·奥斯汀：事实与问题》(*Jane Austen: Facts and Problems*)，克拉伦登出版社，牛津，1948，p. 213。由衷感谢贝琳达·奥斯汀安排我观赏这幅画。

2 亨利·奥斯汀，《传记短评》，收录于奥斯汀 - 利，《回忆录》，编辑：萨瑟兰，p. 140。

3 这一观点来自宝拉·伯恩，收录于《真实的简·奥斯汀：小事情中的一生》(*The Real Jane Austen: A Life in Small Things*)，哈珀出版社，伦敦，2013，p. 329。

图 8.6

-

尼古拉斯·威廉·冯·海德洛夫（1761—1837），浴场：晨礼服，出版于 1797 年 9 月《时尚画册》。蚀刻画和凹版蚀刻画，手工着色。

-

大英图书馆委员会。

图 8.7

-

无名画家，《女士画像》，c.1810~1815。镂空剪影。

-

国家肖像馆，伦敦（NPG：3181）。

也可能只是要下雨了而已。

卡桑德拉也热衷于收藏当时很流行的时尚版画，这幅肖像就是以某幅版画为基础创作的。这些版画常用的一种手法就是从背后画衣服，这样能最清晰地展现服装轮廓和细节。有些版画中的服装太过奇异，就如同讽刺漫画一般。当时的一些讽刺出版物也无情地批评愚蠢的时装，从过于暴露的平纹细布长裙到繁复精巧、遮蔽严实的宽前檐女帽（这些帽子在法语中被生动地称为隐形帽）都在被批评之列。[1] 卡桑德拉为妹妹画的这幅有趣的“肖像”，灵感很可能源于尼古拉斯·冯·海德洛夫的热销刊物《时尚画册》中的一幅版画。

这“是英国第一本完全专注于时尚的杂志，也是第一本全彩版画杂志”，阿克曼的“美术用品店”里就可以买到。[2]“浴场：晨礼服”是一幅出版于 1797 年的版画，画中两位妇人在刮风天气站在高岸上，望着大海（图 8.6）：长裙随风鼓起。她们的脸像简一样，被女帽巨大的帽檐完全挡住了。[3]

两个谜

人们发现了一张剪影肖像，贴在一本第二版《曼斯菲尔德庄园》（1816 年）卷二的背面，大概是 1810—1815 年之间画的（图 8.7）。那页纸的顶部写着“亲爱的简”。这幅肖像画画的是否是奥斯汀本人有待商榷；鉴于她生活的时代剪影肖像蔚然成

1 感谢维多利亚和阿尔伯特博物馆印刷品保管人莎拉·格兰特博士，她考虑到了该时期时尚版画、肖像和讽刺漫画之间的密切关系。另参见凯瑟琳·弗勒德、莎拉·格兰特，《款式与讽刺：1777—1927 年间的时尚印刷品》（*Style and Satire: Fashion in Print 1777-1927*），维多利亚和阿尔伯特博物馆，伦敦，2014，pp. 14-17、pp. 44-7。

2 从霍拉到海德洛夫：服装协会成员收藏的时尚印刷品描摹画展（Hollar to Heideloff: An Exhibition of Fashion Prints drawn from the Collections of Members of the Costume Society），维多利亚和阿尔伯特博物馆，1979 年 12 月 5 日—1980 年 2 月 18 日，服装协会，伦敦，1979，p. 35。

3 宝拉·伯恩在《真实的简·奥斯汀：小事情中的一生》中重制了这幅版画，p. 321。

Fig. 151.
Fig. 152.

L'aimable Jane.

风，如果她没画过这类肖像，倒是令人惊奇。[1]

剪影画兴起于十八世纪后半叶，在十九世纪四十年代摄影术出现之前，一直非常流行。虽然开始时画剪影肖像很贵——十八世纪九十年代时一幅要10先令——但到了十九世纪头十年，价格已大幅下降，最简单的那种只要一两先令。

很多城镇中都有专业画室，但在巴斯等温泉小镇和海滨疗养地特别多。一位被称为柯林斯太太的人可能就是剪影画师，十八世纪末十九世纪初时她在巴斯工作。[2] 画一幅油画肖像，甚至是素描都可能需要坐上好几个小时，而剪影画几分钟就能剪好，当天就能带回家。剪影肖像价格合理，快速可取，人们常常将其作为礼物或友谊的象征进行互赠。坐着让别人给自己画剪影是件自在舒服的事情，就算这些画像不能长久保存——可以想到，在大量剪影肖像中只有一小部分保存了下来——也并无大碍。对于大多数人来说，剪影只是一日游玩的纪念品。[3]

剪影流行的部分原因是好古之风。剪影的轮廓颇有古典神韵——隐藏了细节和颜色，有种简约而理想化的美感，散发出高贵、威严的气质。剪影肖像为人所喜还有另一层原因：人们觉得它特别能表现人的性格。瑞士牧师约翰·卡斯帕·拉瓦特的《观相术文集：增进知识与博爱》1772年在德国出版，1780年翻译成英文，插图多为剪影画。

如果那张剪影画像纸上没有写“亲爱的简”，会有人认为画中人是奥斯汀吗？几乎不会。这种被认为能够清晰表现人物性格的肖像，却如此轻易陷入千人一面的境地，真是一种讽刺。近年发现另一张肖像的背面题有“简·奥斯汀小姐 [原文如此]”的

---

1 另一幅温彻斯特座堂收藏的剪影画也曾被认为是奥斯汀的画像，但那幅画明显是十九世纪末的风格。另参见玛格丽特·柯卡姆，“肖像”（Portraits），收录于珍妮特·陶德（编辑），《情景中的简·奥斯汀》（*Jane Austen in Context*），剑桥大学出版社，剑桥，2005，pp. 68-79（p. 75）。

2 同上。

3 参见艾玛·卢瑟福德，《剪影：影子的艺术》（*Silhouette: the Art of the Shadow*），Rizzoli，纽约，2009，pp. 120-3。

图 8.8
-
无名画家，女士肖像，c.1815。上等犊皮纸，蜡笔辅以淡墨素描、白色高光。宝拉·伯恩藏品。

字，有可能是又一张奥斯汀的画像（图 8.8）。[1]

这幅肖像是画在上等犊皮纸上的——就是处理过的小牛皮——比普通纸张更经久耐用，因此传统上用于法律文书。此外，由于这种纸质地特别光滑细腻，适合作精细绘画之用，所以画家们也一直将其奉若珍宝。这幅画主要是用黑色蜡笔画的（不是石墨，因为没有石墨的特殊光泽）。色调部分用柔和的淡墨素描逐渐增强。画家用削尖的蜡笔画出精细的局部线条，来描绘珠宝和砖石，用少许白色不透明颜料（一种不透明的水彩）来画高光，专门突出画中人身上优雅的蕾丝花边，和身旁桌上笔尖的亮光。

以画中人所穿服装的细节来看，这幅画大约作于十九世纪第二个十年中期。[2] 到摄政王时代时，画中背景窗帘上的沉重垂饰早已成为肖像画中的传统要素，这样既能透出人物的庄重，又能显出背景的简约、昏暗，自然使人物面部得以凸显。这幅肖像画虽然笔法稍显笨拙，色彩过于厚重，不够时尚，但仍看似出自专业画家之手。画中人明显是位作家，她的目光从书稿上抬起，好像是找到了灵感。但是她在写什么呢？窗外的圣玛格丽特教堂和西敏寺的一角描绘得如此突出，必定对她很重要——毕竟，这是幅精心创作的肖像，不是速写。这幅肖像完成度很高，象征意味突出，画中人物面部角度独特。综合考虑，画中模特可能是想把这幅画用作书的卷首插画。如果确实如此，并且她的计划也实现

1 宝拉·伯恩在其文《简·奥斯汀小姐是谁？》（*Who was Miss Jane Austin?*）中讨论了肖像画中人的身份。“简·奥斯汀之外的另一人选：工作中的专业作家”（A possible alternative to Aunt Jane: the professional writer at work），《泰晤士报文学增刊》，2012 年 4 月 13 日；收录于随后给 TLS 的信中，4 月 20 日、27 日发表；收录于迪尔德丽·勒·费伊的长篇回应，“三个说明问题的词”（Three Telltale Words），《泰晤士报文学增刊》，2012 年 5 月 4 日；收录于宝拉·伯恩，《真实的简·奥斯汀：小事情中的一生》，哈珀出版社，伦敦，2013，pp. 306-8。2011 年 12 月播出的 BBC 纪录片《简·奥斯汀：未曾面世的肖像？》与此相关，德博拉·卡普兰对其观点的总结见《“总算找到她了”：伯恩肖像的争议》（“There she is at last”: the Byrne Portrait Controversy），《简·奥斯汀期刊》，no.34，2012，pp. 121-33。另参见迪尔德丽·勒·费伊，“想象中的简·奥斯汀肖像”（Imaginary Portraits of Jane Austen），《简·奥斯汀学会报告》，2007，pp. 42-52 (p. 43)。感谢宝拉·伯恩允许我研究这幅画，感谢简·奥斯汀故居图书馆代理馆长黛安·比尔贝促成此事。不过我并未看过这幅画未装框的样子。感谢史蒂芬·卡洛韦对这幅画的见解。

2 参见宝拉·伯恩，《简·奥斯汀小姐是谁？》，了解当时特有的服装和建筑细节描述。

图 8.9

-

詹姆斯·安德鲁斯（1807—1875）模仿卡桑德拉·奥斯汀（1773—1845）作品，简·奥斯汀肖像，1869 年。水彩画。苏富比私人藏品。

了的话，那么那本书可能还没被人们发现。如果她不是奥斯汀，会不会是位宗教散文或书籍的作者？在摄政王时代，这类提供道德建议的作品在年轻信徒中很受欢迎。这位画中人会不会跟圣玛格丽特教堂或西敏寺有什么关系呢？倘若这位作者写在手稿顶部的字迹是清晰可辨的，而不是像普通的墨渍，那她的身份就绝不会是个谜。

转变

卡桑德拉 1810 年为简画的肖像，历经了与《道林 · 格雷的画像》截然相反的变化。在奥斯卡 · 王尔德的小说中，由于格雷的放荡淫逸，妥善锁藏的油画也变得又老又丑。与此相反，卡桑

图 8.10

-

无名画家模仿詹姆斯·安德鲁斯（1807—1875）作品，《回忆录》卷首插画所用简·奥斯汀肖像，1870 年。点刻辅以蚀刻画像。

-

牛津大学博德利图书馆，Rec. e.115.

德拉笔下这位目光锐利、嘴唇紧闭的作家，从眉眼间略带讥诮慢慢变得圆熟、和蔼起来。她的眼睛变得更大、更柔和了，嘴唇也更为饱满。胸部变窄了，上半身线条更为清晰，防御似的交叠着的双臂也有所放松。她的目光不再看向一边，而是改变了方向，现在正望着中间的某处若有所思。简 · 奥斯汀更可爱了，好像也更年轻了。她是在面露笑意吗？

这种转变过程开始于詹姆斯 · 爱德华 · 奥斯汀 - 利，他是伯克郡布雷的牧师，也是简的长兄詹姆斯的长子。他在写《简 · 奥斯汀回忆录》时托人画了幅水彩画。他想要一幅奥斯汀的肖像，作《回忆录》的卷首插画用。

当时唯一的奥斯汀画像是卡桑德拉的速写，但他觉得不够好——需要一幅更好的。因此，奥斯汀 - 利在 1869 年找到了梅登黑德的一位本地画家詹姆斯·安德鲁斯，请他把卡桑德拉的画像修饰得更漂亮一些。安德鲁斯的肖像（图 8.9）严格以卡桑德拉的速写为模板；速写上的小洞与他所画肖像上的标记正好对应，这表明他曾把描图纸钉在卡桑德拉的画像上，将速写的轮廓描到自己的画上。[1]

安德鲁斯美化了画像的面部，使其更符合传统审美，特别是改动了眼部，使看向侧面的眼神不再显得锐利。嘴唇也被他画得更加饱满，并略带微笑。之后他用水彩给描图全部上色。奥斯汀 - 利交给出版商理查·本特利的就是这幅“润色之后的”画作。

在照相制版工艺普遍应用于画作复制之前，要印刷任何艺术品，都需要请专业雕刻师将图画手工转移到印刷版或木版上。从一种介质向另一种的转化，会不可避免地伴有诠释和修改——在雕刻这张画时，雕刻师将安德鲁斯的奥斯汀画像进一步理想化了（图 8.10）。其中部分原因在于印刷技术本身：

脸部的轮廓用点来塑造，必然导致眼部描影比安德鲁斯的肖像更重。版画只有单色，相比于柔和的水彩，一般会产生更强的明暗对比。不过雕刻师也加入了自己的细微改动，最明显的是把奥斯汀肩膀的斜度画得更大，形成“奶瓶”状的斜坡，这是当时人们觉得好看的体型。相比于《回忆录》卷首插画中洋娃娃似的形象，在卡桑德拉原本的画像中，奥斯汀的体格要更为健壮。

奥斯汀 - 利的妹妹卡洛琳曾对《回忆录》的卷首插画名褒实贬：

肖像比我想的要好——要考虑到速写画得很早，最近又经了画家和雕刻师的手——我之前一点儿也不指望能画得像——但确

1　苏富比，安德鲁斯肖像目录条目，收录于《英国文学及历史》(*English Literature & History*)，2013 年 12 月 10 日，lot 283。

实能依稀看出是她——不过总体上并不很像。既然脸画得挺漂亮，目前就当真的用吧——我并没有觉得不满意。[1]

当然，卡洛琳说的是客气话。但即便如此，她的表述也很重要，因为这段话暗示奥斯汀的真实相貌已经不再那么重要——一副姣好的面容，由某种“样貌”赋予了生气，就已经表现了足够的“真容”，达到了目的。

科斯威、劳伦斯、唐曼和埃德里奇都没有为奥斯汀画过肖像，虽然这可能令人遗憾，但也许在卡桑德拉朴素的画像中，反而有种专业画家无法捕捉到的无言的真实。持此类观点的人会同意托马斯·卡莱尔的看法。

他在 1854 年评论道，即使没有“好的肖像”，“画得一般但很真实的肖像”也能如“一豆烛光”般照亮人生的故事。“总之，”他继续说道，“那副我自己永远无法得见的面容和身躯，只要是画家亲眼所见，并忠实复现的，任何画像对我来说都异常珍贵，比一无所有要好太多。”[2] 那些持异议的人也能得到宽慰，因为新版 10 英镑纸币选取的奥斯汀形象正是基于《回忆录》卷首插画上刻的那幅肖像。

1　卡洛琳·奥斯汀写给詹姆斯·爱德华·奥斯汀 - 利的信，未标明日期，但目的是为了回应 1869 年 12 月 16 日《回忆录》的出版，收录于奥斯汀 - 利，《回忆录》，编辑：萨瑟兰，p. 192。

2　托马斯·卡莱尔写给大卫·莱恩，1854 年 5 月 3 日，“卡莱尔信件集在线”，<http://carlyleletters. dukeupress.edu/content/vol29/#lt-18540503-TC-DL-01>，2016 年 2 月 2 日访问。

9　风靡世界200年的魅力

戴德尔·林奇

与很多传统一样，在特殊的日子纪念著名英雄或艺术家的行为，其实也是近代的发明。在被尊崇的历史人物的诞辰或忌辰举行纪念仪式，特别是在25周年、50周年、100周年或200周年这样的日子大加纪念，这种行为是在两个世纪前才开始出现的，部分原因是人们的时间开始逐渐从教会的礼拜历法中解放出来。我们会在2017年7月18日纪念奥斯汀英年早逝200周年，或在12月16日暂停圣诞节的准备，只为了参加一场简·奥斯汀诞辰茶话会或者跳一场简·奥斯汀乡村舞（这种活动明显特别受北美和澳大利亚的爱好者青睐）。我们会通过各种各样的方式证明她的小说经久不衰——确定其不朽的美学价值。然而，我们同样还要特别遵照奥斯汀在世时的某些做法，那些做法反映出当时的诸多需求。在那个政治动荡和人口大量迁移的时刻，历史愈发凸显出其不连续性。

1821年，查尔斯·兰姆哀叹道：在这个时间就是金钱的世界，古老的礼拜历法中的“喜庆节日”都已转变为“名存实亡”的节日；十九世纪的人们发现了新的庆典场合，找到了一起庆祝共享文化的新方法，即使不能扭转这种转变，也要改变它的方向。奥斯汀时代的人们和他们在维多利亚时代的后继者开创了一些纪念仪式的惯例。作为与现代化过程自相矛盾的副产品，这些惯例反映了普罗大众的愿望：恢复对这个世界的希望。[1]

很多人都注意到，奥斯汀获得超级巨星般的名望，其实只是较近的事。今天，奥斯汀无疑是一种特殊形式的现代狂热崇拜的主要纪念对象。这种狂热崇拜最初体现在200年前的英国人身上，他们创立了彭斯之夜和莎士比亚诞辰庆典，反复编辑他们崇拜的作家的著作，将这些作品改编到新媒体上，并且竖起了一座又一座雕像。几年前《新闻周刊》曾评论道，即使在经济衰退时期，“和奥斯汀沾边的任何东西也都能热卖”。现在，奥斯汀的品牌效应已不再局限于书籍，而且已风靡全球。[2]但令人惊奇的是，她作品的巨大销量和卓著声望是很晚才获得的。开始时，她的名望似乎只会是昙花一现。奥斯汀和她的小说直到十九世纪后期才名满天下，成为现代新出现的集体纪念仪式的对象，这是值得注意的。奥斯汀的身后名之所以成为文学传播史和名人文化史学者感兴趣的研究案例，这正是原因之一。当然，另一个原因是她的性别。由于对文学本身的男性化定义，几乎所有1700—1830年间的英国女作家都被遗忘了。这一事件被评论家克利福德·希斯金称为“大遗忘”。唯一的幸存者就是奥斯汀，这让这位小说家成为同时代文学史中的异数。[3]

奥斯汀逝世200周年纪念，与她逝世150周年或100周年纪念相比，情况截然不同（因为每一代仰慕者都根据所处历史时代的需求对她进行了重塑）；同时代的人之间对于奥斯汀的应有身份和意义也众说纷纭，有时甚至势同水火。即使我们都因为奥斯汀的原因，在同一特殊日子同聚一处，我们有时也同样因为奥斯

1 查尔斯·兰姆，“假期中的牛津”（Oxford in the Vacation），收录于《伊利亚论文集》（*The Essays of Elia*），J. M. Dent，伦敦，1906，p. 9。

2 引用于珍妮特·陶德，《简·奥斯汀：引言》（*Jane Austen: An Introduction*），第二版，剑桥大学出版社，剑桥，2015，p. 142。

3 克利福德·希斯金，《写作的工作：1700-1830年间英国的文学与社会变化》（*The Work of Writing: Literature and Social Change in Britain*），约翰·霍普金斯大学出版社，巴尔的摩，马里兰州，1998，pp. 193-209。

汀而争吵不休。我们会看到，在她的形象逐渐形成的过程中，经常有人吵得面红耳赤。

周年纪念

在我们统计二十一世纪的奥斯汀周年纪念日数量时（不论是在 2011 年庆祝不朽的《理智与情感》200 周年，还是在 2015 年庆祝科林 · 费尔斯对达西先生的经典诠释 20 周年），发现当代的爱好者们为纪念活动增加了新的内容，而此类纪念活动在刚刚兴起时还引起过奥斯汀本人的注意。例如，1817 年，在滑铁卢战役胜利两周年之际，举行了伦敦滑铁卢桥的落成仪式。其规模盛况空前，即使卧病在床的奥斯汀应该也没有错过。在她未完成的遗作《桑迪顿》中，奥斯汀设计了一段精巧的喜剧情节，让地产商帕克先生懊悔不该将他在桑迪顿新建的海滨度假屋起名为“特拉法尔加府”——“滑铁卢”，帕克先生惆然道，“现在还是更时髦些。”（第 4 章）奥斯汀笔下角色俚俗的用语表明，对于当时人们努力永远铭记国家军事荣耀的行为，她是颇为嘲讽的——尽管在《劝导》（1816 年完成）中，她曾亲自尝试参加这种纪念活动，也将笔下的温特沃斯上校设定为参加过真实的圣多明各战役（1806 年英国的一场大胜仗）并立过军功的海军英雄（第 4 章）。

1769 年，演员兼经理大卫 · 盖里克在埃文河畔斯特拉特福组织了一场莎士比亚诞辰 200 周年庆典。这一事件被研究集体记忆的史学家们公认为是一个重要的转折点：十九世纪时，演员、作曲家和视觉艺术家将取代勇士、君王和圣人，成为公众纪念的对象。[1] 莎士比亚生于 1564 年，盖里克 1769 年组织的 200 周年诞

1 “战争英雄被人们纪念，是因为过去的具体功绩和事件；而艺术家和作家被人们纪念，是因为他们的作品目前仍然‘活着’，依然能产生情感、激发快乐，并让人们想要重新演绎”，安 · 里格尼，“彭斯，1859”（Burns, 1859），收录于 Joep Leerssen、安 · 里格尼（编辑），《十九世纪欧洲纪念作家的传统》（*Commemorating Writers in Nineteenth-Century Europe*），帕尔格雷夫，贝辛斯托克，2015，p. 50。

辰庆典实际上晚了 5 年。尽管时间选得不好，但他仍然为同胞们崇拜莎士比亚的活动做了详尽的安排。

以此次庆典为蓝本，其他人也效法盖里克，纪念他们各自崇拜的作家。比如，盖里克选择用“周年庆典”这个词来命名他的计划，本身就是有所暗示的。“周年庆典”不仅将纪念已故作家的仪式和具体日期联系起来，为今后的定期重复铺平了道路，而且还暗示了仿照宗教仪式进行美学崇拜的方法：中世纪教会曾使用过源自《利未记》中的“禧年 / 周年庆典”一词，来表示大赦之年或罪责得到宽恕的时期。[1] 盖里克自命为“莎士比亚的大祭司”，刻意模糊了这一神职的艺术名望和神圣地位之间的界限。

他还明确地将斯特拉特福集镇定为莎士比亚崇拜者的朝圣地（图 9.1）。如此一来，他预测作家的故居和常去的地方会出现各种文学旅游，这将为后世莎翁爱好者在文学阅读之余提供更多活动，甚至取代文学阅读本身。奥斯汀爱好者的经历也终将如此。

在奥斯汀生活的时代，也有人发起过其他纪念活动，其中有些活动改进了盖里克庆典的不足之处，选择了人们偏爱的偶数年份，并严格按照百年的间隔确定纪念的日期。比如，1785 年格奥尔格 · 弗里德里希 · 亨德尔诞辰一百周年之前，在威斯敏斯特教堂举办了连续三晚的演出，邀请了史上最大规模的管弦乐团与合唱团。与此相比，每年 1 月 25 日苏格兰诗人罗伯特 · 彭斯生日时，世界各地仍会举办彭斯之夜晚宴。这一传统始于 1802 年苏格兰的格里诺克，当时这位诗人刚去世六年；彭斯也是首位人们通过树立雕像进行纪念的英国诗人。1816 年 4 月 23 日是莎士比亚诞辰 300 周年（译注：原文如此），当时奥斯汀正在写《劝导》。当天在科文特花园的皇家歌剧院举办了盛装游行。盛装游

1 科波利娅 · 汉、克拉拉 · 卡尔沃，“引言：莎士比亚与纪念”（Introduction: Shakespeare and commemoration），收录于科波利娅 · 汉、克拉拉 · 卡尔沃（编辑），《莎士比亚庆典：纪念与文化记忆》（*Celebrating Shakespeare: Commemoration and Cultural Memor*），剑桥大学出版社，剑桥，2015，pp. 6-7。

图 9.1
-
1769 年斯特拉特福的庆典上，盖里克先生正在朗诵莎士比亚颂歌。
-
英国皇家收藏基金会 / 伊丽莎白二世陛下，2016 年。

行本也应是 1769 年盖里克周年庆典的重头戏，但因下雨取消了。此次庆典中，40 位身着莎士比亚戏服的演员做了舞台展示，之后是盛况空前、载歌载舞的闭幕式。在闭幕式上，7 位扮成缪斯的演员拉着载有莎士比亚本人雕像的马车进入场地。最后由扮成命运女神和时间女神的演员为雕像加冕，庆典落下帷幕。[1]

当时小说的文学地位较低，作为小说作者，奥斯汀在世时也从未以真实姓名出版过作品。因此，在纪念活动产业刚刚兴起时，她的地位颇为尴尬。一个如此处境的作家，一般不会得到命运女神和时间女神的加冕。1800—1829 年间新出版的小说中，只有不到一半署有作者的名字，散文小说作家一般也很难通过自己的作品赢得不朽的声名。（此时仍有很多人认为小说只能算半

1 瓦内萨 · 坎宁安，《莎士比亚与盖里克》(*Shakespeare and Garrick*)，剑桥大学出版社，剑桥，2008，pp. 115-17。

文学，是可以读完就扔的轻娱乐。）[1]

在那几十年中，沃尔特·司各特是个例外。只有他的小说超越了畅销书的层次，被奉为经典之作——尽管这些作品在二十世纪初迅速跌落神坛。也正是在同一时期，奥斯汀被重新塑造为英国最杰出的古典小说家。司各特的专长是写历史小说——这是奥斯汀所回避的体裁——司各特已经将当代读者与过去重新联系在了一起：新的纪念文化的推动者们很自然地把他的书作为参考。此外，通过再版、改编和建造纪念塔（特别是爱丁堡的大型纪念塔）的方法，纪念者使司各特的诸多作品在十九世纪的公众中有着最广泛的存在感。[2]

在十九世纪的大部分时间里，奥斯汀的情况都与司各特有所不同，并且颇为复杂，原因不仅在于她选择的小说体裁，也在于她的性别。如我们所见，奥斯汀死后的命运之所以复杂，原因之一是她的亲戚们成为了她名誉的守护者，但他们似乎认为，对于未出嫁的姑妈而言，如莎士比亚般在盖里克设计的仪式中接受加冕，这可能是一件很不淑女的事。

宣福

《诺桑觉寺》和《劝导》在奥斯汀去世后出版，两年后，她的小说开始绝版。这一情况表明，奥斯汀今天这样的地位并不总是坚如磐石，她很有可能最终（像现在的司各特一样）沦为小众作家，作品读者主要局限于大学生们。1820 年，出版商约翰·默里和托马斯·埃格顿开始降价抛售未卖出的奥斯汀作品。十九世

1　参见 H.J. 杰克逊，《不朽的作家们》（*Those Who Write for Immortality*），耶鲁大学出版社，纽黑文，康涅狄格州，2015，pp. 63-106。

2　Leerssen、里格尼注意到"'百年纪念崇拜'中对作家的某种偏好——莎士比亚、司各特、席勒——他们本身就参与了'叙述历史的行当'"（a certain preference in the "cult of centenaries" for writers -Shakespeare, Scott, Schiller - who themselves were already involved in "the business of narrating history"）；参见他们的《十九世纪欧洲纪念作家的传统》一书引言，p. 12。

纪三十年代，奥斯汀的小说被收入出版商理查·本特利的“标准小说”系列。此后在十九世纪中期，美国和英国又多次再版她的小说。自此开始，奥斯汀声望日隆，直至今日这般势不可当（图 9.2）。

奥斯汀之所以日益为读者所青睐，还要归功于她的姐妹，特别是姐妹的后代们的努力。正是他们让奥斯汀的小说始终得到大众的关注：H.J. 杰克逊最近在评价浪漫主义时期的文学声誉时提出，对这一时期的作家来说，寻得自己的拥护者，就是抓住了名垂后世的机会。那些拥有者作为利益相关者，能够从作品中获益，自然会设法维护作家的声望。[1] 即便如此，奥斯汀的利益相关者们自相矛盾的做法也很令人奇怪。他们一方面努力维护这位小说家的美誉，另一方面又坚称奥斯汀太过温良恭俭、贤淑精致，即使应有的赞誉也不会接受。

1818 年，奥斯汀的哥哥亨利出版了简短的《传记短评》，终于把奥斯汀的名字加在了她的作品上。从亨利开始，其他亲戚也会在提及奥斯汀时将她描述为一位专心女红、无意写作的宅女，一位缺乏自信的业余作家。而她最重要的形象则是一位道德典范。亨利写道，“她的朋友们费尽了口舌……才说服她出版第一部作品”；“在公开场合，她会避免任何可能提及女作家的情况”。他似乎意识不到这样的描写完全不符合自己称赞妹妹“写过的便条和信件没有不值得出版的”等溢美之词。[2]

1870 年，奥斯汀的侄子詹姆斯·爱德华·奥斯汀 - 利出版了一部他姑妈的长篇传记，引发诸多评论。许多学者认为这是奥斯汀身后名的一个转折点。比如，伟大的奥斯汀评论家布莱恩·索瑟姆就以 1870 年为界，将这位小说家在评论界中的形象演变分为前后两部分，这一观点影响很大。诚然，尽管奥斯汀 - 利文笔

1 H. J. 杰克逊，《不朽的作家们》，耶鲁大学出版社，纽黑文，康涅狄格洲，2015，p. 91。

2 《诺桑觉寺》和《劝导》附的《传记短评》，重印版收录于奥斯汀 - 利，《回忆录》，编辑：萨瑟兰，pp. 140、141。

图 9.2
-
本特利“标准小说”版《爱玛》卷首插画，1833 年。
-
牛津大学博德利图书馆，256 f.3148.

平平，对他姑妈简又过分溢美，但这部传记仍成功地为深爱奥斯汀小说的读者们描绘了小说作者的形象。《回忆录》中描写的奥斯汀生活的点滴，最终让读者们情不自禁地想要把这位女性和她的作品联系在一起。奥斯汀家族的成员借用《回忆录》中的内容来解释为何“她声名大噪”，这说明他们可能仍沉浸在某种家族荣耀之中。抱着那样的态度，他们实则是在炫耀家族对这位小说家的形象维护有方。[1]

我们接受这一观点，强调《回忆录》对奥斯汀的身后名所起的巨大作用。但同时也应该记住，如果理查·本特利没有预估到《回忆录》已有的巨大读者群，他是不会冒险出版奥斯汀小说的。

1870 年真正的新情况是，奥斯汀 - 利对于和读者的接触——确切来说是扩大读者群——经常抱有明显的矛盾心态。奥斯汀 - 利是奥斯汀作品的推广者，但与此同时，在记录人们接受奥斯汀过程中的新趋势时，他又表现出了势利的一面。仿佛是因为担心姑妈被“错误的”流行所拖累，他似乎已在《回忆录》中确定，自己永远无法改变那些认为奥斯汀的“作品看上去……枯燥又平庸”的“碌碌众生”的看法——他进而将这种看法与那些高冷的小众所做的“高屋建瓴的判断”进行对比。[2]

这种防御性的行为似乎是为了应对维多利亚时代大众阅读的兴起。始于 1870 年的教育改革造就了一批新读者，在奥斯汀 - 利生活的时代，他们开始要求文学领域的话语权。也在同一时期，为满足日益增长的需求，廉价书籍和杂志的数量大幅增长。在这种新情况和新背景下，有更多的人开始担心，会有一类错误的人怀着错误的动机自诩为奥斯汀的忠实读者。

从 1870 年本特利的版本开始，《回忆录》取代了亨利·奥斯

1　引用威廉·奥斯汀 - 利、理查德·亚瑟·奥斯汀 - 利在《奥斯汀生平和信件集：家庭记录》（*Jane Austen, Her Life and Letters: A Family Record*）中的主张，Smith, Elder, & Co.，伦敦，1913，p. 404。

2　奥斯汀 - 利，《回忆录》，编辑：萨瑟兰，p. 104.13 同上，p. 130。

汀的《传记短评》，但两者在其他方面内容相似。奥斯汀-利延续了他叔叔亨利那圣徒传似的语气，甚至有所加强。在尊崇奥斯汀的小说家身份和她的圣人身份——这反映了维多利亚时代对居家淑女的推崇——之间，《回忆录》保持了微妙的平衡。在1818年《传记短评》的结语中，亨利·奥斯汀（彼时刚被任命为牧师）向《诺桑觉寺》和《劝导》的读者保证，他已故妹妹的“观点都与我国国教完全一致”。詹姆斯·爱德华·奥斯汀-利（也是牧师）也表达过类似的观点。比如，《回忆录》的开篇是写教堂——温彻斯特座堂，他姑姑的葬礼就在这里举行。在结语中，又回到了奥斯汀身为基督徒的临终时刻。在那部圣徒式传记的末尾，奥斯汀-利写道，“她一生操持家务，与家人相处融洽，从未追逐私利或沽名钓誉。”

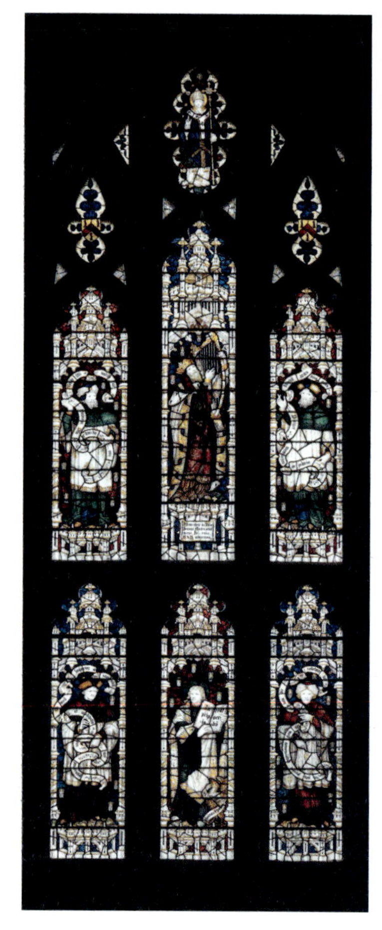

图 9.3
-
温彻斯特座堂的简·奥斯汀彩色玻璃窗。约翰·克鲁克博士供图。

在维多利亚时代，英国掀起了塑造雕像的热潮，而奥斯汀却无人问津——如同所有其他杰出女性一样。不过，顺应将奥斯汀圣徒化的趋势，1900年人们在温彻斯特座堂装上了纪念她的彩色玻璃窗，就在她的坟墓上方。这项纪念举措由公众募资，杰出的设计师C.E.肯普设计，目的是“彰显她作品中崇高的道德和宗教教化”（图 9.3）。肯普将奥斯汀的彩色玻璃窗和另外两位圣徒的花窗并排放在一起：圣约翰的窗上写着《约翰福音》第一句“太初有道”，圣奥古斯丁的彩色玻璃窗上写着他名字的正式缩写“圣奥斯丁”。[1] 人们推测莎士比亚的生日是 4 月 23 日，虽然还未定论，但仍在这一天将他和圣乔治一起纪念。不过，除莎士比亚外，没有几位作家享有如此神圣的地位。

奥斯汀的神圣化过程当然也非一帆风顺。不过，十九世纪后期和二十世纪前期，奥斯汀及其作品成为公众关注的焦点，此时也有人用神圣的语言描述他们和奥斯汀之间的关系。他们自称为奥斯汀的崇拜者，将她的小说奉为奇迹。

1901 年，美国小说家威廉·迪恩·豪威尔斯写道，“对于她的崇拜者而言，奥斯汀即使算不上宗教，也是一种酷爱和信条。”[2] 1902 年，第二任 Iddlesleigh 伯爵发表题为《圣·简传奇》的文章，称奥斯汀为“最迷人的圣人”，并为文学朝圣者制定了旅游路线，重点是几个“圣地”，“那里是我们的神曾经下凡的地方”。[3] 简·奥斯汀学会（1940 年创立）成立初年时，在会刊中设有“遗物”专栏。

学会立刻开始了一项带有圣人崇拜特征的活动。他们开始寻找并报告奥斯汀家族在家庭生活中遗留下的零碎物品，甚至是奥斯汀本人的零碎物品——1953 年报告的封面是（她的）一绺头发（图 9.4）。这种半开玩笑似的圣人崇拜一直延续到本世纪——至少凯伦·乔伊·富勒在她 2004 年的小说《简·奥斯汀书友会》中是这样写的。书中，几位生活在二十一世纪加州的主人公开始让奥斯汀决定自己的生活。他们将神奇八号球当作一种占卜玩

1　参见克劳迪娅·L·约翰逊，《简·奥斯汀的崇拜与文化》（*Jane Austen's Cults and Cultures*），芝加哥大学出版社，芝加哥，伊利诺伊州，2012，pp. 38-43。

2　W. D. 豪威尔斯，《虚构故事的女主角们》（*Heroines of Fiction*），哈珀兄弟出版社，纽约，1901，卷 1，p. 41。

3　B. C. 索瑟姆，“引言”，收录于《简·奥斯汀：批判的遗产》，卷 2，Routledge & Kegan Paul，伦敦，1987，p. 57。

图 9.4
-
简·奥斯汀的一绺头发。
-
汉普郡简·奥斯汀故居图书馆。

具，里面装满了引自奥斯汀小说中的句子。他们相信奥斯汀去世后成了无所不知、无所不能的心灵之神，并向神使咨询占卜结果。叙述者用忠实信徒般的喜悦语气说道，“我们让奥斯汀进入了自己的生活，现在我们都已结婚，并在约会。”[1]

遗产和家庭

1833 年，本特利重新发行了奥斯汀的作品，在序言中称奥斯汀为文学界中杰出的家庭小说家。（朗博恩、哈特菲尔德和曼斯菲尔德庄园都是年轻女性想要逃离的地方。如果我们还记得这点，可能会觉得这句评语有违常理。）维多利亚时代晚期，特别

1　参见莎拉·拉夫，《简·奥斯汀的情色建议》（Jane Austen' s Erotic Advice），牛津大学出版社，纽约，2014，p. 31、戴德尔·林奇，“简·奥斯汀崇拜”，收录于珍妮特·陶德（编辑），《情景中的简·奥斯汀》，剑桥大学出版社，剑桥，2005，pp. 111-20。

是二十世纪初的战争期间，家庭在这些书中被一点点重塑为一个怀旧的对象，一个现代人已经失去的宁静庇护所。在《回忆录》中，奥斯汀 - 利再次率先提出观点，坚称他的姑妈生活在久远的过去，她的时代与《回忆录》的时代之间有着巨大的鸿沟。他写道，“如果我们观察那个时代的牧师和小乡绅的家庭，肯定会发现一些很陌生的东西，也会错过更多我们已经习以为常的事物”；他接着列举了奥斯汀那代人的许多奇特风俗和摄政王时代的餐桌礼仪，并对比了摄政王时代简陋的室内陈设与维多利亚时代密集的客厅布置。[1] 通过这种回顾，可以发现奥斯汀作为历史小说家的一面。不过她自成一格，与司各特迥然而异。奥斯汀 - 利将简描述为一位已逝岁月的见证者，她遗世独立，没有经历过历史上的苦难（如战争或阶级冲突），却见证了当时优雅的生活和良好的礼仪——这也是当时很多评论家的老生常谈。

人们以怀旧的心态阅读奥斯汀的作品，同时，十九世纪后期又出现了各种形式的英国民族主义和遗产政治，纪念奥斯汀的行为因此与这两种现象结合在一起，密不可分。在这种叙述中，奥斯汀和 / 或她笔下的女主角都成了一个虚构的英国的标杆人物。人们觉得她的小说能够将读者带回到过去的时代，那时国家更有英国味儿，社会分裂没那么严重，乡村生活仍是主流，还有很重要的一点，白人比例更高。

这种民族主义化的一个表现，就是人们开始强调奥斯汀是一位本土作家：她的作品是英国乡间住宅的编年史。正如亚历山德拉·哈里斯所说，自二十世纪初之后，文化评论比以往更倾向于将文学扎根于特定的地形，进而决心将阅读想象为一个“文学朝圣的过程”。[2]

---

1 奥斯汀 - 利，《回忆录》，编辑：萨瑟兰，p. 36。

2 亚历山德拉·哈里斯，《浪漫主义现代派：英国作家、艺术家，以及从弗吉尼亚·伍尔芙到约翰·派博的想象》（*Romantic Moderns: English Writers, Artists and the Imagination from Virginia Woolf to John Piper*），Thames and Hudson，伦敦，2010，pp. 160-1。

图 9.5

-

指向康斯坦斯山中“奥斯汀境地”的指路牌，《简·奥斯汀之家与好友》（约翰街，伦敦、纽约，1902 年）

-

牛津大学博德利图书馆，2569 e.141，第 1 章末装饰图。

图 9.6

-

1995 年 BBC 电视短剧《傲慢与偏见》中的莱姆庄园，又称彭伯利庄园。维基共享资源。

当然，人们也按照这些思路对奥斯汀进行了重新解读。1902 年，康斯坦斯·希尔出版了《简·奥斯汀之家与好友》。书中既有传记，又描写了作者和她的姐妹经由汉普郡的小路去往“奥斯汀境地”的旅程（图 9.5）。此书配图丰富，以地点为序，依次描写了奥斯汀曾经居住过的地方：她的出生地史蒂文顿教士寓所（不过到 1901 年时只剩水泵还在）、巴斯、莱姆里杰斯、斯通利修道院、高德曼舍姆庄园，最后是乔顿。

圣人需要一座圣祠，但是希尔姐妹所宣扬的奥斯汀之旅却不易启程。1947 年，新成立的简·奥斯汀学会的热心成员 T. 爱德华·卡朋特买下并修复了乔顿别墅。

在此之前，奥斯汀之旅并没有明确的观光点。不过，到二十世纪中期时，围绕着奥斯汀的纪念文化终于和纪念司各特、莎士比亚与彭斯的文化并驾齐驱了。到了二十一世纪，奥斯汀之旅的景点甚至更多：现在还包括一些在改编电影里充当小说中庄园的豪宅，特别是莱姆庄园 / 彭伯利庄园，某种意义上也成了参演明星（图 9.6）。

评论中常常显露出明显的保守主义，将奥斯汀奉为英国第一位的文化资产，这在大西洋两岸激起了争论。1901 年，威廉·迪恩·豪威尔斯在他的书中声明自己是奥斯汀教的信徒。

在同一本书中，他还宣称奥斯汀以她自己的方式“像法国革命家一样明确无疑地维护了人的权利，她的文学事业与如火如荼的法国大革命大致处于同一个时代”——他宣称奥斯汀的小说不是为了旧世界而写，而是为了新世界。[1] 现在读豪威尔斯的这段宣言，可以感到战线正在形成。十九、二十世纪之交，几位英国评论家开始把形形色色的外国人归为一类。

用奥斯汀 - 利的话说，那些是错过了小说的“一群人”。[2] 尽管奥斯汀越来越受欢迎，正在变成“每个人的亲爱的简”（亨利·詹姆斯语），但（直到现在）仍有很多人声称只有土生土长的英国人才能正确地欣赏她平静的魅力，或微妙的机智，或对阶级政治的分析……或者……或者……或者……[3]

但是奥斯汀为读者所接受的过程表明，即使在英国国内，奥斯汀和她的作品也从未直接充当过国家团结的象征。尽管欣赏奥斯汀的人越来越多，但在维多利亚时代，她的作品仍被认为是只有鉴赏家小圈子才会感兴趣的文艺小说，这种观点一直持续到二十世纪。（尽管她的小说销量惊人，如 1894 年休·汤普森出版的插图本《傲慢与偏见》——当年销量达到了 11600 册，超过了奥斯汀在世时她的所有小说销量总和。）毫无疑问，奥斯汀是英国的国家财富，且读者范围极广。然而直到她去世二百年后，仍有人固执地认为她只属于小范围群体，而不是整个国家。

比如，有人认为她和某些社团或秘密团体相关。很多仰慕者坚持认为，他们的仰慕中有一些私密的、个人的东西：这是一种回应，反映出奥斯汀讽刺叙事手法引发的懂行读者之间分享秘密的效应。在这些仰慕者的想象中，对奥斯汀的热爱让他们超越了芸芸众生，进入了精挑细选、联系紧密的小圈子（用这些宣言中的一些特有术语来说——是一种“忠诚部落”或“真爱粉小团体”）。比如，1913 年，弗吉尼亚·伍尔芙就写过，从前对奥斯汀

---

1 W.D. 豪威尔斯，《虚构故事的女主角们》，哈珀兄弟出版社，纽约，1901，卷 1，p. 49。

2 例如，一名不知所谓的法国人，在跟不上对话思路时把话题转向了奥斯汀，安妮·萨克莱·里奇的《女预言家之书》（*A Book of Sibyls*）前言中的众位人物，Smith and Elder，伦敦，1883，p. iv。

3 亨利·詹姆斯，《我们语言的问题；巴尔扎克的经验：两堂讲座》（*The Question of our Speech; The Lesson of Balzac: Two Lectures*），霍顿·米夫林出版公司，波士顿，1995，p. 62。

图 9.7

-

《说书人》封面吉卜林《简迷》插图，1924 年 5 月。

-

牛津大学博德利图书馆，Per 2561 d.46.

的欣赏是“家族的礼物……一种独特文化的标志”。[1] 这种评论有一丝怀旧的味道，因为在从前的时代，小说并不需要和那么多人分享；同时，听起来又有种独占的意味。

雷区

1924 年，鲁德亚德·吉卜林写了篇小故事，描写了一战时期战壕中的将士们对奥斯汀的仰慕之情。吉卜林以精湛的笔法处理了读者自述中的紧张关系。他将这个故事出版成书，取名《简迷》。书的开篇诗中称奥斯汀为“英国的简”。而且，正是奥斯汀和她的作品将这个微型秘密社团（一共只有四名成员）团结在了一起，这个故事也因此得名。“简迷”是英国炮兵连中的一个小团体。在混乱的西部战线上，几位成员想尽办法继续谈论他们崇拜的那位“秘密社团女性”的著作。[2] 在奥斯汀的帮助下，他们在那个最为混乱的时刻维护了文化的连续性（图 9.7）。

奥斯汀小说是逃避战争的庇护所吗？吉卜林的故事几乎是直言了这一点。在最后的情节中，叙述者因为熟悉《爱玛》中的角色，被准许搭乘去往医院的火车，远离了战争，幸存下来，才讲了这个故事。1917 年，战事正酣，又恰逢奥斯汀逝世一百周年纪念，很多英国读者都宣称奥斯汀的著作能够缓解他们的痛苦(部分原因也在于奥斯汀自己就离她那个时代的战争很远)，牛津学监 H.F. 布雷特 - 史密斯负责为军事医院挑选读物，他给患严重炮弹休克症的病人推荐的读物就是奥斯汀小说。(在二战中，奥斯汀小说同样被用于心理治疗：举个耳熟能详的例子，在 1943

1 伍尔芙被引用于布莱恩·索瑟姆，“引言”，收录于《简·奥斯汀：批判的遗产》，卷 2，Routledge & Kegan Paul，伦敦，1987，p. 46；希拉·凯耶 - 史密斯和 G.B. 斯特恩将他们的读者描写为“真正的热爱者”“紧紧围绕着我们”，收录于《谈论简·奥斯汀》(*Talking of Jane Austen*)，Cassell，伦敦，1953，p. 189。

2 鲁德亚德·吉卜林，《简迷》，收录于《散文与诗歌写作》(*The Writings in Prose and Verse*)，斯克里布纳公司，纽约，1926，卷 31，p. 165。

KIPLING'S NEW STORY

THE STORY-TELLER

for MAY, 1924

"I 'ad only six books to remember. I learned the names by 'eart . . . one, called *Persuasion*, first. . . ."

The first story

RUDYARD KIPLING

has written for five years

"The Janeites"

complete within

Other Stories by

H. A. VACHELL

FRANCIS BRETT YOUNG

OLIVE WADSLEY

SYLVIA LYND

etc. etc., and a

Complete Novel by

WARWICK DEEPING

Read the fine new Kipling Story

CASSELL'S

年的至暗时刻，温斯顿·丘吉尔就在重读《傲慢与偏见》。）[1]

但是，事实也可能正相反：奥斯汀小说远不是逃避现实的读物，反而本身可能就是作战区域。毕竟，吉卜林笔下的叙述者给炮兵连的炮起的外号都是奥斯汀小说中的反面角色：柯林斯先生、凯瑟琳·德波夫人和蒂尔尼将军。

2007年，改编自富勒小说《简·奥斯汀书友会》的同名电影上映，其中一位角色抱怨道，“读简·奥斯汀简直像在过雷区”——这句台词总结了她和其他俱乐部成员对于奥斯汀小说意义的争论。十多年之后，这句台词仍在许多博客和缤趣（Pinterest）上被转发和引用。过去三十年，在美国学术界和新闻界内的文化大战中，双方势不两立，部分争论的焦点就是豪威尔斯所谓的“娴静的小女人”。这句台词之所以引起共鸣，部分原因正在于此。与此同时，大西洋两岸的英美两国就奥斯汀及其作品的所有权与解释权也在争吵不休。

看来丘吉尔在1946年公开颂扬的所谓英美之间的特殊关系，有时也面临破裂。

争论的问题数不胜数。单是这些争论本身，就表明有些情况值得点明：只要仔细审视过去二百年中奥斯汀地位的变化无常就能发现，关于奥斯汀所代表的意义，很多世人公认的真相，其实更像是片面的猜测。最后，让我们再看几个争论的导火索。

现在有一场让很多人勃然动怒的争论。一方将奥斯汀小说理解为爱情故事，认为奥斯汀从很多方面来说都属于真正的浪漫主义作家；另一方则赞扬（或批评）她的作品，认为那些都是这位不婚主义老处女写出来的反浪漫主义讽刺小说。二十一世纪的读者在开始阅读奥斯汀时，可能会错误地将这位小说家想象为当代

1　有关炮弹休克症病人，参见凯瑟琳·萨瑟兰，《简·奥斯汀的文本生命：从埃斯库罗斯到宝莱坞》，牛津大学出版社，牛津，2005，p. 53；有关丘吉尔，参见克劳迪娅·L. 约翰逊，《简·奥斯汀的崇拜与文化》，芝加哥大学出版社，芝加哥，伊利诺伊州，2012，pp. 151-2。

图 9.8
-
凯特·毕顿，“简·奥斯汀漫画”。

“鸡仔文学”的祖师——《BJ 单身日记》（1996）的作者海伦·菲尔丁就是她的大弟子。（吉卜林的《简迷》中，一名炮兵援引了一种截然不同的文学谱系，宣称奥斯汀是亨利·詹姆斯的文学之母，这个观点颇为有名。）电影产业将此类小说改编成浪漫喜剧，即所谓“约会电影”，看惯了这些电影的当代读者会认为奥斯汀作品的精髓就是围绕婚姻进行的种种谋划——或者是这位爱情女神笔下高大健壮的英雄（图 9.8、9.9）。然而，如果回顾二十世纪前期人们对奥斯汀的普遍看法，就能发现当代读者的猜想与历史上的公论截然相反。这种对比倒也不无裨益。在利维斯夫人的《小说与读者大众》（1939 年）等社会学著作，以及玛丽·拉塞尔斯的《简·奥斯汀和她的艺术》（1939 年）等文学评论著作中，人们对奥斯汀大加赞美，因为她拒绝了大众文化中充斥的浪漫主义的多愁善感，拥有（脆弱、阴柔的）流行小说作者所缺乏的骨气和常识。

当然，这并不是说我们必须将自己隔绝于当代的大众文化才能正确地阅读这些著作，我们也不必将这些著作当成摄政王时代的仿古器物或时间胶囊。更不是说需要保护奥斯汀本人，避免让

AUSTEN MANIA

IT'S A LARGE BOOK

EMILY HAS SOME ADVICE

WHERE THIS IS GOING

图 9.9

-

凯特·毕顿，来自《听啊！一名流浪汉正在考虑简·奥斯汀粉丝群的话题》，Drawn and Quarterly Comics，特利尔，2011，p. 87。凯特·毕顿。

她受到纵欲过度的当代青年的关注——或英国学术机构中一些古怪理论家的关注。实际上，在奥斯汀出生二百多年后，不妨试试效法很多读者，将她的作品当成新著作，而不是纪念崇拜的对象。所谓新著作，即是指与读者所在时代出版的小说之间既有关联，又有竞争。比如，十九世纪末时，乔治·森茨伯里曾言，“可以说奥斯汀为从十九世纪到现在的纯小说写作‘拨正了时钟’。”这段表达有些复杂，但似乎是认为奥斯汀不仅对于过去的小说，而且对于未来的小说也有意义。[1] 奥斯汀小说历久弥新，被改编为很多其他媒介上的作品，产生了诸如加州南部的爱玛，以及阿姆利则的伊丽莎白·贝内特等角色。但在这种现象出现之前很久，其他评论家就像森茨伯里一样，也注意到了奥斯汀小说中的当代感。

他们认为，这种特质让奥斯汀不仅超越了自己的时代，更确切地说，也超越了她后辈的时代。1936 年，W.H. 奥登在一首诗中写道，“她给我的震撼无可比拟”，“乔伊斯在她旁边单纯得像棵草”。

在奥登看来，奥斯汀并非是受到威胁的传统文化的名义领袖，反而比现代主义者乔伊斯更为现代。[2] 记住奥登对奥斯汀作品的解读是个好办法，能确保到 2117 年时，如今尚未出生的仰慕者们仍会纪念她逝世三百周年——并继续为她争论不休。

1 乔治·森茨伯里，《十九世纪文学史》（*A History of Nineteenth-Century Literature*），麦克米伦出版公司，伦敦，1895，p. 130。

2 W.H. 奥登，“给拜伦勋爵的信”（Letter to Lord Byron），收录于爱德华·门德尔松（编辑），《诗集》（*Collected Poems*），Vintage，纽约，1991，p. 84。

推荐拓展读物

1 “荒诞不羁”的少年时期作品

Alexander, C., and J. McMaster (eds), *The Child Writer from Austen to Woolf*, Cambridge University Press, Cambridge,2005.

Doody, M.A.,*Jane Austen's Names: Riddles, Persons, Places*, University of Chicago Press, Chicago, IL, 2015.

Grey, J.D. (ed.),*Jane Austen's Beginnings: The Juvenilia and Lady Susan*, UMI Research Press, Ann Arbor, MI, 1989.

2 作曲中的人际关系

Duquette, N., and E. Lenckos (eds), *Jane Austen and the Arts: Elegance, Propriety, Harmony*, Lehigh University Press, Bethlehem, PA, 2013.

Gammie, I., and D. McCulloch, *Jane Austen's Music*, Corda Music Publications, St Albans, 1996.

Selwyn, D., *Jane Austen and Leisure*, Hambledon, London, 1999.

3 阔领大衣背后的时尚世界

Arnold, J., Patterns of Fashion 1: *Englishwomen's Dresses and Their Construction c.1660–1860,* Macmillan, London, 1972.

Byrde, P., *Jane Austen Fashion: Fashion and Needlework in the Works of Jane Austen*, Moonrise Press, Ludlow, 2008.

_______, *Nineteenth Century Fashion*, Batsford, London, 1992.

Downing, S.J., *Fashion in the Time of Jane Austen*, Shire Publications, Oxford, 2010.

4 独特的书信艺术价值

Favret, M.A., *Romantic Correspondence: Women, Politics, and the Fiction of Letters*, Cambridge University Press, Cambridge, 1993.

Galperin, William H.,*The History of Missed Opportunities: British Romanticism and the Emergence of the Everyday*, Stanford University Press, Stanford, CA, 2017.

Le Faye, Deirdre (ed.), *Jane Austen's Letters*, 4th edition, Oxford University Press, Oxford, 2011.

Modert, Jo (ed.), *Jane Austen's Manuscript Letters in Facsimile*, Southern Illinois University Press, Carbondale, IL, 1990.

O'Neill, L.,*The Opened Letter: Networking in the Early Modern British World*, University of Pennsylvania Press,Philadelphia, PA, 2015.

5 战争时期的女性写作

Butler, M., *Jane Austen and the War of Ideas*, 1975; reissued with a new introduction, Clarendon Press, Oxford, 1987.

Favret, M.A.,*War at a Distance: Romanticism and the Making of Modern Wartime*, Princeton University Press, Princeton, NJ and Oxford, 2010.

Russell, G., *The Theatres of War: Performance, Politics, and Society, 1793–1815*, Clarendon Press, Oxford, 1995.

Uglow, J. In These Times: *Living in Britain Through Napoleon's Wars 1793–1815*, Faber & Faber, London, 2014.

6 手稿中的写作奥秘

Fergus, J., 'The Professional Woman Writer' , in Edward Copeland

and Juliet McMaster (eds), *The Cambridge Companion to Jane Austen*, 2nd edition, Cambridge University Press, Cambridge, 2011, pp. 1–20.

Southam, B.C., *Jane Austen's Literary Manuscripts: A Study of the Novelist's Development through the Surviving Papers, 1964*; revised edition, Athlone Press, London, 2001.

Sutherland, K., 'Manuscripts and the Acts of Writing', in *Jane Austen's Textual Lives: from Aeschylus to Bollywood*, Oxford University Press, Oxford, 2005, pp. 118–97.

__________ 'Jane Austen's Dealings with John Murray and his Firm', *Review of English Studies*, n. s. vol. 64, 2012, pp. 105–26.

7 “百花齐放”的 1817 年小说

Garside, P., and K. O'Brien (eds), *The Oxford History of the Novel in English, vol. 2: English and British Fiction*, Oxford University Press, Oxford, 2015.

Kelly, G., *English Fiction of the Romantic Period 1789–1830*, Routledge, London, 1989.

Maxwell, R., and K. Trumpener, T*he Cambridge Companion to Fiction in the Romantic Period*, Cambridge University Press, Cambridge, 2009.

St Clair, W., *The Reading Nation in the Romantic Period*, Cambridge University Press, Cambridge, 2004.

8 珍贵肖像的前世今生

Lloyd, S., and K. Sloan, *The Intimate Portrait: Drawings, Miniatures and Pastels from Ramsay to Lawrence*, National Galleries of Scotland, Edinburgh, 2008.

Noon, P., *English Portrait Drawings and Miniatures*, Yale Center for British Art, New Haven, CT, 1979.

Rogers, M., *Master Drawings from the National Portrait Gallery*, National Portrait Gallery, London, 1993.

Sloman, S., and T. Fawcett,Pickpocketing the Rich: Portrait Painting in Bath 1720–1800, Holburne Museum of Art, Bath, 2002.

9 风靡世界 200 年的魅力

Dow, G., and C. Hanson (eds), *Uses of Austen: Jane's Afterlives*, Palgrave Macmillan, London, 2012.

Johnson, C.L., *Jane Austen's Cults and Cultures*, University of Chicago Press, Chicago, IL, 2012.

Lynch, D. (ed.), *Janeites: Austen's Disciples and Devotees*, Princeton University Press, Princeton, NJ, 2000.

______________, 'Sequels' , in Janet Todd (ed.), *Jane Austen in Context*, Cambridge University Press, Cambridge, 2005, pp. 160–8.

Wells, J., *Everybody's Jane: Austen in the Popular Imagination*, Bloomsbury, London, 2011.

撰稿人

珍妮丝·布鲁克斯是南安普顿大学的音乐教授。她的新书《音乐行家：乔治王时代英国家庭生活和音乐文化》深入研究了1800年左右家庭音乐创作的物质层面。

希拉里·戴维德森是服装史学家、博物馆员、大学讲师，在悉尼和伦敦工作。她是悉尼大学荣誉副教授，目前正为耶鲁大学出版社撰写一本关于摄政王时期英国服装的书。

弗雷亚·约翰斯顿是牛津大学圣安妮学院研究员、英语专业讲师。她主编了《剑桥版托马斯·洛夫·皮科克小说集》（剑桥大学出版社，2016年），并与凯瑟琳·萨瑟兰合编了《简·奥斯汀少年作品集》（牛津大学出版社，2017年）。

托马斯·凯默是杰克曼校长，文科教授、多伦多大学英语专业教授。他在多伦多大学指导“书籍史与印刷文化”的研究生课程。他的著作有《斯特恩、现代派及小说》（牛津大学出版社，2002年）、《颈手枷诗学：1660—1820年间的英语文学及煽动言论》（将由牛津大学出版社出版）。他与人合编了《牛津英国小说史》，负责1750年之前的部分（将由牛津大学出版社出版）。

戴德尔·林奇是哈佛大学英语系欧内斯特·伯恩鲍姆文学教授。

撰稿人

珍妮丝·布鲁克斯是南安普顿大学的音乐教授。她的新书《音乐行家：乔治王时代英国家庭生活和音乐文化》深入研究了1800年左右家庭音乐创作的物质层面。

希拉里·戴维德森是服装史学家、博物馆员、大学讲师，在悉尼和伦敦工作。她是悉尼大学荣誉副教授，目前正为耶鲁大学出版社撰写一本关于摄政王时期英国服装的书。

弗雷亚·约翰斯顿是牛津大学圣安妮学院研究员、英语专业讲师。她主编了《剑桥版托马斯·洛夫·皮科克小说集》（剑桥大学出版社，2016年），并与凯瑟琳·萨瑟兰合编了《简·奥斯汀少年作品集》（牛津大学出版社，2017年）。

托马斯·凯默是杰克曼校长，文科教授、多伦多大学英语专业教授。他在多伦多大学指导“书籍史与印刷文化”的研究生课程。他的著作有《斯特恩、现代派及小说》（牛津大学出版社，2002年）、《颈手枷诗学：1660—1820年间的英语文学及煽动言论》（将由牛津大学出版社出版）。他与人合编了《牛津英国小说史》，负责1750年之前的部分（将由牛津大学出版社出版）。

戴德尔·林奇是哈佛大学英语系欧内斯特·伯恩鲍姆文学教授。

Rogers, M., *Master Drawings from the National Portrait Gallery*, National Portrait Gallery, London, 1993.

Sloman, S., and T. Fawcett,Pickpocketing the Rich: Portrait Painting in Bath 1720–1800, Holburne Museum of Art, Bath, 2002.

9 风靡世界 200 年的魅力

Dow, G., and C. Hanson (eds), *Uses of Austen: Jane's Afterlives*, Palgrave Macmillan, London, 2012.

Johnson, C.L., *Jane Austen's Cults and Cultures*, University of Chicago Press, Chicago, IL, 2012.

Lynch, D. (ed.), *Janeites: Austen's Disciples and Devotees*, Princeton University Press, Princeton, NJ, 2000.

______________, 'Sequels', in Janet Todd (ed.), *Jane Austen in Context*, Cambridge University Press, Cambridge, 2005, pp. 160–8.

Wells, J., *Everybody's Jane: Austen in the Popular Imagination*, Bloomsbury, London, 2011.